中國出土古文獻與戰國文字之研究

福田哲之 著

佐藤將之
王 綉 雯　合譯

謝　辭

筆者謹對以下的出版社及研究中心
許可將這些文章收入本書
表達衷心的謝意

株式會社　創文社

國立臺灣大學東亞文明研究中心

目　次

序

本書是從筆者在日本所發表關於中國出土古文獻與戰國文字之論文中，選輯八篇而成。

筆者與中國出土古文獻最初的接觸，是距今二十六年前就讀於日本島根大學教育學部時，受業於淺野裕一老師（現為東北大學教授）漢文學之講授。先生在課堂上，針對其自身致力研究的銀雀山漢墓竹簡及馬王堆漢墓帛書等，向學生們解說其劃時代的意義。當時，筆者對於授課的內容能夠理解至何種程度，心裡毫無把握，但是對於這些甫公開的資料所開闢出的嶄新研究局面，卻感受到無限的魅力，不久自己也開始萌生想從事中國出土古文獻研究的心願。

島根大學畢業後，經過四年的教職生活，進入兵庫教育大學研究所就讀。在長谷川滋成先生（現為廣島大學名譽教授）的指導下，撰寫以《蒼頡篇》研究為主題的碩士論文，成為筆者研究生涯的起點。修習完研究所的課程後，成為福島大學的教員，其後又轉回故鄉的島根大學就職。這段期間以來，筆者一直進行以阜陽漢簡或敦煌漢簡、居延漢簡等漢代簡牘為中心的小學書研究，並將這些成果集結為學位論文，於 2002 年取得大阪大學文學博士學位，出版為《說文以前小學書の研究》（創文社，2003 年）一書。本書〈第一部分：阜陽漢簡《蒼頡篇》研究〉所收的兩篇論文，即為其一部份。藉此

謹向准予翻譯、轉載的創文社表達感謝。

　　如此，一方面進行依據漢代簡牘的小學書研究，一方面筆者研究朝向以戰國楚簡爲中心的思想文獻研究大幅開展，其契機是參加「戰國楚簡研究會」一事。此研究會於 1998 年 10 月爲進行郭店楚墓竹簡之共同研究而組成，後來又將其後公開的上海博物館藏戰國楚竹書也加入研究對象之中，成員以淺野裕一老師爲代表，包含湯淺邦弘先生（大阪大學教授）、竹田健二先生（島根大學助教授）、菅本大二先生（梅花女子大學助教授）、辛賢先生（大阪大學講師）以及筆者共六名。會議已經舉辦二十七次，透過每次熱烈展開的討論，筆者實受益良多。本書〈第二部分：阜陽漢墓木牘與定州漢墓竹簡《儒家者言》研究〉〈第三部分：郭店楚簡、上博楚簡研究〉〈第四部分：戰國簡牘文字研究〉所收的六篇論文，全都是在「戰國楚簡研究會」中發表、根據會員先生們的寶貴建議或對問題點的指教歸納整理的成果。

　　「戰國楚簡研究會」特別應該一記的活動，是實現與海外研究者交流一事。其中，經由菅本大二先生的介紹，獲得國立台灣大學哲學系助理教授佐藤將之先生的知遇，惠予筆者在台灣研究會上發表之機會，此事在筆者的研究活動上也成爲一個轉機。本書所收錄的〈第八章　關於戰國楚墓文字的幾個問題：楚墓出土簡牘文字之形體樣貌〉，是 2003 年 12 月 28 日於國立台灣大學召開的「日本漢學的中國哲學研究與郭店、上海竹簡資料」會議中發表的論文；〈第五章　郭店楚簡〈語叢三〉之再探討〉，則是以 2004 年 4 月 10 日國立台灣大學東亞文明研究中心主辦的「上博簡與出土文獻研究方法學術研討會」中發表的論文〈字體分析在出土文獻研究上的意義——以郭店

楚簡〈語叢三〉爲中心——〉爲基礎歸納而出者。

　　一如各位已從本書的結構安排及內容中得知，筆者在中國出土古文獻與戰國文字研究上的關心，具有兩個方向性。一個是透過佚書之復原或與傳世文獻間之比較檢討，釐清中國古代學術史中書籍成立與流傳之實態，即文獻學方面的關心；另一個是以書寫於簡牘或帛書等的筆記（手寫）資料爲中心，釐清戰國至秦漢期間筆記資料之變遷過程，即文字學、書法史方面的關心，當然兩者相互之間具有密切的關連。

　　日本國內的中國出土古文獻之研究，主要是在東洋史、思想史的領域中進展。但是，專業研究者的數目有限，特別是郭店楚簡或上海楚簡等戰國楚簡的研究者更是極爲少數。而且，使用戰國秦漢簡牘、帛書的古文字研究，雖然形成出土古文獻研究之基礎，爲向來由金石或石刻佔據核心位置的既有研究開闢出新局面而受到注目，但是處理這些資料的古文字學研究者卻是屈指可數。比起國外每當新資料公開時「簡帛研究」網站就刊載許多論文的研究情況，不得不說簡直有天壤之別。

　　透過參加台灣與中國的研究會或研討會，筆者重新認識日本國內的研究現況與問題點，同時也體認到今後進一步深化與國外研究者之交流、學習其研究方法或成果，傳承給國內新世代研究者一事，乃我輩所肩負的一大使命。在這樣的情形下，筆者的論文能被翻譯成中文，得到廣泛接受台灣或中國研究先進們指正之機會，實屬喜出望外。

　　本書之出版，不僅煩勞佐藤將之先生惠予監譯校訂，更承蒙他

在整個出版過程中鉅細靡遺地照拂。本書之中譯初稿全由日本京都大學博士生王綉雯擔任。王小姐對於難以理解之表達方式或不明白之處等，每每以電子郵件詢問，使得因筆者之粗疏而造成的數個謬誤得以勘正。至於排版或造字等作業，由佐藤研究室諸位研究生費心，而索引之製作，則得到筆者研究室學生之白瀧泰宏的協助。謹在此深致謝忱。

戰國楚簡研究會

福田哲之　謹識

2005 年 9 月 30 日

第一部分

阜陽漢簡《蒼頡篇》研究

第一章
阜陽漢簡《蒼頡篇》之文獻特性
——與秦本之關係——

序言

　　西元前 221 年，稱霸天下的秦始皇實行文字統一，做爲其統一大業之一環。現在可以明確證實，這是中國歷史上首次的文字改革，而《蒼頡篇》正是爲了實施「書同文字」而製成的工具。《蒼頡篇》是秦始皇統一文字的具體資料，同時具有以下之特點：（1）是能夠證實其成立的最早之字書；（2）成爲字書雛型《急就篇》《元尚篇》等西漢小學書的母體；（3）《蒼頡篇》中以「古字」爲主的解讀與注釋作業，或是續篇《訓纂篇》中對於文字之收集、傳播與保存，推測與《說文》之成立有密切的關連。所以，《蒼頡篇》在釐清《說文》以前之字書史一事上也佔有重要的地位。

　　《蒼頡篇》在此後即告亡佚，實際狀態長期不明。但是，上世紀初至前葉在敦煌、居延進行調查所發現的漢代簡牘資料之中，卻發現了《蒼頡篇》殘簡十多件，成爲釐清其實際狀態的線索。然而，這些敦煌漢簡《蒼頡篇》、居延漢簡《蒼頡篇》，都是從邊境的軍事設施等遺跡中所出土、大半已遭毀棄的竹簡，剩下的不過是當地書記之課本或習字課本中偶然殘留的部分。因此，除了殘簡本身數量

有限之外，內容大多集中在開頭部分，殘存字數稀少的斷簡又佔了大半，使得釐清《蒼頡篇》全貌一事幾乎毫無可能。

突破這種瓶頸而帶來新進展的，是 1977 年從安徽省阜陽雙古堆一號漢墓挖掘出土的阜陽漢簡《蒼頡篇》。阜陽漢簡《蒼頡篇》因墳墓之崩壞或盜挖而缺損嚴重，相對於從《漢書・藝文志》計算出的總字數爲 3300 字，阜陽漢簡《蒼頡篇》所知的字數只有 540 餘字，不到其六分之一。因此，我們必須說，資料數量上的限制在阜陽漢簡《蒼頡篇》出現後基本上仍然存在；而從殘簡之押韻狀況可知，阜陽漢簡《蒼頡篇》之內容可能包括〈蒼頡〉〈爰歷〉〈博學〉三篇，而這些原本是一系列的文獻。也就是說，藉由阜陽漢簡《蒼頡篇》之出土，研究者首次得到了釐清《蒼頡篇》全貌之線索。

本章做爲阜陽漢簡《蒼頡篇》之初步階段的研究，將針對其文獻特性加以探討。

第一節　阜陽漢簡《蒼頡篇》之出土

本節主要依據安徽省文物工作隊　阜陽地區博物館　阜陽縣文化局〈阜陽雙古堆西漢汝陰侯墓發掘簡報〉（《文物》1978 年第 8 期），以及文物局古文獻研究室　安徽省阜陽地區博物館 阜陽漢簡整理組〈阜陽漢簡簡介〉（《文物》1983 年第 2 期），針對被葬者、墓葬年代、同時出土之竹簡等加以探討。

首先，從同時出土的漆器與銅器上「女陰侯」之銘文、自二號墓出土的「女陰家丞」之封泥，以及漆器銘文中所見「十一年」之紀年、墓式或陪葬器物中未見到武帝時期之特徵等點來推定，被葬者應是西漢第二代汝陰侯夏侯竈。夏侯竈乃西漢開國功臣夏侯嬰之

子，卒於文帝十五年（西元前 165 年），因此推測阜陽漢簡之下限不超過其死後一年。

關於發掘時的竹簡狀態及極爲艱辛的整理經過，〈阜陽漢簡簡介〉說明如下：

> 此墓已塌，且經盜擾，原來存放簡牘的漆笥已朽壞，簡牘不僅散亂扭曲，變黑變朽，而且纖維質逐漸溶解粘連，成爲類似鉋花板那樣的朽木塊。簡片已薄如紙張，互相叠壓鑲嵌，給剝離揭取工作帶來難以想象的困難。經文物局文保所胡繼高等同志近一年時間的精心揭剝，這批簡牘纔得以重見天日。

如此，阜陽漢簡因爲墳墓之崩壞或盜挖，以損傷相當嚴重之狀態出土，其內容非常多樣，爲如下超過十種的書籍與木牘，：

一、《蒼頡篇》
二、《詩經》
三、《周易》
四、《年表》《大事記》
五、《雜方》（後改稱爲《萬物》）
六、《作務員程》
七、《行氣》
八、《相狗經》
九、 辭賦
十、《刑德》《日書》
十一、木牘（三件）

其中，阜陽漢簡《蒼頡篇》全部125件殘簡之釋文（其中一件爲無法識讀之碎片）、簡注、從C 001（釋文通用的統一編號，指第1簡）至C 044（同上，第44簡）的摹本，都公開在 文物局古文獻研究室　安徽省阜陽地區博物館 阜陽漢簡整理組〈阜陽漢簡《蒼頡篇》〉(《文物》1983年第2期）中。照相圖版之公開，依筆者管見，僅止於下表所示的十九枚竹簡，而且並非清晰可辨。從而，在探討阜陽漢簡《蒼頡篇》之際，必須先充分瞭解目前在資料上的限制。

如前所述，阜陽漢簡因爲墳墓之崩壞或盜挖，竹簡之缺損亡佚非常嚴重，此點成爲探討上的最大障礙。但是，另一方面，釐清墓主之卒年而得知竹簡書寫年代之下限一點，卻成爲探討上之立足點，可以說是非常得力之處。阜陽漢簡《蒼頡篇》之書寫年代，從其與墓葬之關連來估算，最遲應集中在文帝十六年（西元前164年）以前，亦即秦滅亡後四十三年以內。由於敦煌漢簡、居延漢簡是武帝時期以後的資料，可知阜陽漢簡《蒼頡篇》早於歷來所知的敦煌漢簡《蒼頡篇》、居延漢簡《蒼頡篇》，是目前所見最古老的本子。

阜陽漢簡《蒼頡篇》照相圖版收載文獻一覽表

編號C	1	2	3	4	5	6	7	8	9	10	11	12	13	14	26	34	37	53	54
文獻Ⅰ							○	○							○	○			
文獻Ⅱ							○										○	○	○
文獻Ⅲ	○	○	○	○	○	○	○	○	○	○	○	○				○	○	○	○
文獻Ⅳ							○	○							○	○			
文獻Ⅴ	○	○	○	○	○	○				○	○	○	○	○					

（文獻Ⅰ）安徽省文物工作隊　阜陽地區博物館　阜陽縣文化局〈阜
　　　　陽雙古堆西漢汝陰侯墓發掘簡報〉（《文物》1978 年第 8
　　　　期）圖版貳。

（文獻Ⅱ）胡繼高〈銀雀山和馬王堆出土竹簡脫水試驗報告〉（《文
　　　　物》1979 年第 4 期）圖 4、圖 5。

（文獻Ⅲ）文物局古文獻研究室　安徽省阜陽地區博物館　阜陽漢簡
　　　　整理組〈阜陽漢簡《蒼頡篇》〉（《文物》1983 年第 2 期）
　　　　圖 1、圖版參。

（文獻Ⅳ）中國美術全集編輯委員會編《中國美術全集　書法篆刻
　　　　編Ⅰ商周至秦漢書法》（人民美術出版社，1987 年）39
　　　　阜陽漢簡。

（文獻Ⅴ）阿辻哲次《圖說　漢字の歷史》（大修館書店，1989 年）
　　　　圖 6—17。

　　　《漢書・藝文志・六藝略・小學》之中，關於《蒼頡篇》之組
成與分章有如下的記述：

　　　　蒼頡七章者，秦丞相李斯所作也。爰歷六章者，車府令趙高
　　　所作也。博學七章者，太史令胡母敬所作也。文字多取史籀
　　　篇，而篆體復頗異。所謂秦篆者也。
　　　　……漢興，閭里書師合蒼頡、爰歷、博學三篇，斷六十字以
　　　為一章，凡五十五章，幷為蒼頡篇。

據此可知，秦代寫成的本子有「蒼頡七章」「爰歷六章」「博學七章」
等共計二十章；進入漢代之後，「閭里書師」將〈蒼頡〉〈爰歷〉〈博

學）合併成篇，以六十字爲一章，共改爲五十五章，總稱爲「蒼頡篇」。因此，對於阜陽漢簡《蒼頡篇》，首先有必要釐清秦代二十章本與漢代五十五章本之關係。下面將從這樣的問題意識出發，對阜陽漢簡《蒼頡篇》的文獻特性試加探討。

第二節　秦代因素與漢代改變之痕跡

　　阜陽漢簡《蒼頡篇》最早的研究論文，是胡平生、韓自強〈《蒼頡篇》的初步研究〉（《文物》1983 年第 2 期，其後再收於《胡平生簡牘文物論集》，蘭臺出版社，2000 年）。該論文依據阜陽漢簡《蒼頡篇》C002，與居延漢簡《蒼頡篇》9.1ACB 之比較，推定阜陽漢簡《蒼頡篇》是依據秦代《蒼頡篇》而成的漢初寫本。因此，筆者一開始想先確認其根據。

　　首先，列出核心資料居延漢簡《蒼頡篇》9.1ACB，與阜陽漢簡《蒼頡篇》C002 之釋文。

　　居延漢簡 9.1ACB（觚）

　　　第五　瑗表書插　顛顊重該　已起臣僕　發傳約載　趣遽觀望
　　　行步駕服　逋逃隱匿　往來□□　漢兼天下　海內幷廁
　　　□□□類　菹盍離異　戎翟給賓　但致貢諾　□□□□

　　阜陽漢簡 C002

　　　☑□兼天下　海內幷廁　餝端脩濃　變亻□☑

居延漢簡《蒼頡篇》9.1ACB 被書寫在三面棱體的木觚上，一如勞榦〈蒼頡篇與急就篇文〉（《居延漢簡考釋之部・居延漢簡考證》中央

研究院歷史語言研究所，1960 年）中已指出般，從可見到「第五」的章數記號，以及每面五句二十字、三面共計六十字的形式來看，居延漢簡《蒼頡篇》9.1ACB 應屬於《漢書‧藝文志》中所言、經漢初「閭里書師」改章的五十五章本系統。〈《蒼頡篇》的初步研究〉根據此點，注意到在「海內幷廁」之後有如下之異同：

海內幷廁　□□□類　菹盉離異----居延漢簡《蒼頡篇》9.1CB
海內幷廁　飭端脩灋　變亻□☑-----阜陽漢簡《蒼頡篇》C002

並且根據：（1）阜陽漢簡《蒼頡篇》之異文「飭端脩灋」之「端」字，被視為是避秦始皇名諱的文字；（2）類似「飭端脩灋」之表現，在秦人之文中常見等兩點，推定阜陽漢簡《蒼頡篇》所依據的底本為「秦本」。[1]

　　然而，雖然光是從此點來看，阜陽漢簡《蒼頡篇》本身也可以被視為就是秦本，但是〈《蒼頡篇》的初步研究〉在其注 8 中指出，阜陽漢簡《蒼頡篇》C003 中的「政勝誤亂」可見到避諱字「政」字，因而說：「『政』字可能是漢初抄寫者改回來的」，此點成為阜陽漢簡《蒼頡篇》乃漢初寫本的根據。

　　對於〈《蒼頡篇》的初步研究〉這樣的見解，林素清〈蒼頡篇研究〉（《漢學研究》第 5 卷第 1 期，1987 年）一文，結論上大致相同，

---

[1]　但是，為了更明確證明此點，有必要釐清「□□□類」之缺字，證明「端」字之改變。近年來依據紅外線攝影的再整理有所推進，其中一部分已經刊行為簡牘整理小組編，《居延漢簡補編》（中央研究院歷史語言研究所專刊之九十九，中央研究院歷史語言研究所，1998 年），關於此缺字，也正期待依據科學處理之解讀。

認為阜陽漢簡《蒼頡篇》是依據秦本而成的漢初寫本，但是卻提出了幾點異論。

首先，關於依據秦本之點，在胡、韓二氏〈《蒼頡篇》的初步研究〉已指出的避諱、表現等兩點之外，林氏又指出了兩點：（1）阜陽漢簡《蒼頡篇》中可見「楣」（C029）、「槤」（C029）、「爨」（C112）等所謂秦地方言之文字；（2）阜陽漢簡《蒼頡篇》的「藘」（C029）、「瘥」（C007）、「瀍」（C002）之字形，與睡虎地秦簡一致，在同時期其他地區之文字中未曾見，屬於秦人的特殊寫法。

其次，〈《蒼頡篇》的初步研究〉將「飭端脩瀍」之「端」字，當成是避秦始皇名諱之文字，而對於「政勝誤亂」之「政」字，則解釋為漢人改回。對於此點，林氏表明存疑：

> 由秦亡到漢文帝年間，才不過短短二、三十年，何以同樣的諱改字，漢人既能改回「政勝誤亂」，卻竟不知改回「飭端脩瀍」呢？這是難以使人信服的。

並且提出如下的不同解釋：

> 因此，筆者對「政勝誤亂」有不同的看法，此簡原文作：「觤婁佐宥，慈悍驕裾，誅罰貲耐，政勝誤亂。」
> 簡文意思是說，「左右傾斜不正，驕傲、悍悍、誅罰罪過利用贖金、耐刑、勞役等嚴刑峻法，這些都是嬴政、陳勝等所以亂國、敗亡的原因」。全文除了「政勝」兩字外，都是形容暴政亂事失德的字眼，如果「政勝」解釋成「政事勝平」，對於上下文義極不貼切，因此筆者以為「政勝誤亂」應指嬴政和

陳勝敗亡之事較適合。

也就是說，林氏認為「政勝」二字若解釋為「政事勝平」時，與有關暴政亂事失德的前後文義不合，所以這兩個字是指「嬴政、陳勝」，並將「政勝誤亂」之意解釋為嬴政、陳勝之敗亡。在此前提之下，林氏說：

> 如果《蒼頡篇》已提及了嬴政之亡和陳勝亂事，那麼此簡就不能說是「漢初抄寫者改回來的」，相反地，本簡文根本就是漢初才羼入的改文，這與《顏氏家訓》所引的後代更增入的《蒼頡篇》文，「漢兼天下，海內并廁，豨黥韓覆，畔討殘滅」一段文字的立意十分近似，都是政局改變之後，用以宣揚政令，並詆毀前代亂事的文字。因此，此簡文字應非李斯《蒼頡篇》原貌，而是西漢初經過修改的本子。至於簡 2（C002）[2]「▢兼天下」，兼字前一字，筆者認為仍是「漢」字，而非「《蒼頡篇》的初步研究」等文的推測。由「漢兼天下」以下到「政勝誤亂」一段文字，正是漢人羼改《蒼頡篇》的痕跡。

主張阜陽漢簡《蒼頡篇》是經過漢初修改之物，從「漢兼天下」到「政勝誤亂」之部分可認出其痕跡。

　　林氏之見解將胡、韓二氏在〈《蒼頡篇》的初步研究〉中只把「政」字當成漢人所改的推測更向前推進，指出了《蒼頡篇》本文在漢代的改變，但是仍有幾點值得商榷。

---

[2] 原文為「簡 3（C003），應為筆誤，故加以改正。

第一，是「政勝」二字（林氏論述之主幹）與前後文義不合之
點。依據筆者對阜陽漢簡《蒼頡篇》整體分析之見解，《蒼頡篇》押
韻字之間的二句可發現緊密的連結，並以此二句爲一基本單位（以
下稱爲「雙句」），藉由其與前句在字義或主題上之關連推演鋪陳而
成（參照本書第二章第二節）。此處針對成爲問題的 C003 來看，其
押韻字如▲所示：

　　　　☑骩婐佐宥，憝悍驕裾，誅罰貰耏，政勝誤亂☑
　　　　　　　　　▲　　　　　　　　　▲

可知「政勝誤亂」是承接前面雙句「憝悍驕裾，誅罰貰耏」而衍生
的後續雙句之首句。從而，前雙句「憝悍驕裾，誅罰貰耏」彼此之
間有緊密的連結，與此相較，該雙句與「政勝誤亂」之間則可見到
差異，此事從《蒼頡篇》句型構造之特徵來看並不足爲奇。而且，
林氏注意到的「政勝」二字，從其與「誤亂」二字之關係來看，也
可能解釋爲「政（征）伐勝克」之意，[3] 雖然此句之意義因爲後續
句缺損亡佚而難以明確掌握，但是仍可以推斷是承接前雙句「憝悍
驕裾，誅罰貰耏」、在「罪惡與制裁」之共同主題下推演鋪陳而出的
句子。

　　第二，是與旁證《顏氏家訓》之引用文的關連。林氏說，《顏氏
家訓・卷下・書證篇》中引「漢兼天下，海內幷廁，豨黥韓覆，畔
討殘滅」做爲《蒼頡篇》在漢代增入之例，其文意與阜陽漢簡《蒼

---

[3] 關於阜陽漢簡《蒼頡篇》之通用假借字的使用，參照〈《蒼頡篇》的初步
研究〉。

頡篇》非常相近，全都是宣揚政局改變後之政令、詆毀前代亂事的
文字。林氏還推測阜陽漢簡《蒼頡篇》C002「□兼天下」之首字為
「漢」字，認為從「漢兼天下」以下至「政勝誤亂」的文字，是漢
人改變《蒼頡篇》之痕跡。此處成為問題的是，林氏將《顏氏家訓》
所引的「漢兼天下，海內并廁，豨黥韓覆，畔討殘滅」視為一連續
文章之點。關於此《顏氏家訓》之引用，于豪亮已提出如下之見解
（中華書局總編輯室編《古籍整理出版情況簡報》1981 年第 3 期）：
因為前雙句之末字「廁」（職部），與後雙句之末字「滅」（月部），
在漢代並不合韻，所以「漢兼天下，海內并廁」與「豨黥韓覆，畔
討殘滅」並不連續。而且，關於前雙句，胡、韓二氏在〈《蒼頡篇》
的初步研究〉中指出，由居延漢簡《蒼頡篇》9.1ACB 中所見的章數
記號，得知漢代五十五章本中「漢兼天下，海內并廁」之句屬於第
五章；而關於後雙句，梁代庾元威《論書》（《法書要錄・卷二》）中
則有：

> 漢晉正史及古今字書並云，蒼頡九篇是李斯所作。今竊尋思，
> 必不如是。其第九章論豨信、京劉等，郭云，豨信是陳豨、
> 韓信，京劉是大漢，西土是長安。此非讖言，豈有秦時朝宰，
> 談漢家人物。牛頭馬腹，先達何以安之。

此引文釐清「豨黥韓覆，畔討殘滅」屬於第九章而非第五章一事，
支持于氏之見解。據此，「漢兼天下，海內并廁」與「豨黥韓覆，畔
討殘滅」並不連續。顏之推引用來自不同出處的兩對雙句，是舉此
二例來證實《蒼頡篇》在漢代之改變，筆者認為這樣的理解應屬合
理。從而，無法如林氏般，將《顏氏家訓》之引用文視為連續之句，

並做爲解釋阜陽漢簡《蒼頡篇》C003 之旁證。又，林氏從 C002 與
C003 之關連，認定 C002「□兼天下」之首字爲「漢」字之點，不
僅與《顏氏家訓》之引用文難以產生關連，而且林氏認爲 C003 原本
接續在 C002 之後的論斷根據也不明。除非林氏能證明此兩簡之連
續，否則只要這一點未被確證，以 C003 接續在後爲前提而推定 C002
之缺字的論述就無法成立。[4]

　　以上，針對林氏之見解指出其問題點，瞭解到將「政勝」勉強
解釋爲「嬴政、陳勝」之必然性難獲認同，而以此證明阜陽漢簡《蒼
頡篇》本文在漢初改變也有所困難。如前所述，林氏對於「政勝誤
亂」之「政」字與「飭端脩灋」之「端」字在避諱上的不一致有所
質疑。但是，漢人在書寫秦代成立之文獻時，秦代的避諱字並不是
全部都被改回，例如「政」字爲避免字義混亂而改寫，而「端」字
因爲是「正」字之同義字，並不特別加以改變，這樣的推測也絕不
能說是荒唐無稽。又，「正」「政」二字之中，也有秦始皇名諱爲「正」
字的說法，而且依據陳垣《史諱舉例・卷一・第一　避諱改字例》
的見解，秦漢時避諱之狀況並不像六朝以後般的嚴格，而是較爲寬
鬆。根據這些見解，我們還是保留「政」字並非漢初所改回，而原
本就是秦代原文的可能性。

---

4 依據照相圖版與摹本，阜陽漢簡《蒼頡篇》C002「天下」之前一字缺損
大半，從殘存部分來確定文字有所困難，〈阜陽漢簡《蒼頡篇》〉斷定此殘缺字
爲「兼」字之理由，是依據居延漢簡《蒼頡篇》9.1ACB 以及《顏氏家訓》中所
見「漢兼天下」之句而來。但是〈阜陽漢簡《蒼頡篇》〉對於「漢」字卻採取不
同對應，視之爲不明字，由此點來看對於「兼」字也要考慮是其他文字的可能
性。

第三節　阜陽漢簡《蒼頡篇》與漢代五十五章本之關係

　　前一節就阜陽漢簡《蒼頡篇》中所發現的漢代改變之痕跡，以主要的既成研究爲基礎加以探討。本節則針對阜陽漢簡《蒼頡篇》與《漢書‧藝文志》中所記、經漢代「閭里書師」改章的五十五章本之關係試加考察。

　　如前所述，胡、韓二氏〈《蒼頡篇》的初步研究〉一文是以阜陽漢簡《蒼頡篇》C002 中，不同於居延漢簡《蒼頡篇》9.1ACB 之異文爲中心而進行探討，據此認爲阜陽漢簡《蒼頡篇》是依據秦代《蒼頡篇》——不同於漢代「閭里書師」改章之五十五章本——而成的漢代寫本。林氏也同樣從阜陽漢簡《蒼頡篇》並非漢代五十五章本之立場出發，就書寫形式、各簡之書寫字數、異文現象等三點試予證明。但是，因爲其第三點對於異文現象之分析並未超出〈《蒼頡篇》的初步研究〉之見解，所以下面將針對林氏的原創性見解——書寫形式、各簡之書寫字數等兩點來探討。

　　關於阜陽漢簡《蒼頡篇》之書寫形式，林氏首先指出，在〈阜陽漢簡《蒼頡篇》〉（《文物》1983 年第 2 期）中做爲〈爰歷〉篇首的 C010「爰歷次虵，……」的「爰」字上方，有墨書的圓點符號，在秦漢的簡牘書寫之中，這樣的符號被用於段落文章之開頭，由這個符號之存在可知「爰歷次虵」乃爲篇首。而且，阜陽漢簡《蒼頡篇》的殘簡中還有以下三枚竹簡：

　　　C038　☑業未央（以下白簡）
　　　　　　　　▲

　　C056　歲庚馴□（以下白簡）
　　C061　□化苫樂和（以下白簡）

林氏指出，此三簡在末字以下為無文字記載之白簡，從秦漢簡牘「文
章開頭以墨圓點標示，文末以白簡明示段落」的書寫習慣來看，此
三簡相當於三個部分之結尾，顯示其各自獨立而不連續，並且說明
如下：

　　　　因此，阜陽《蒼頡篇》應包括〈蒼頡〉、〈爰歷〉、〈博學〉三
　　　　部分，而由三篇各自起訖的書寫形式，又似乎顯示此本《蒼
　　　　頡》並非閭里書師所併合成的五十五章本，而較接近《漢書》
　　　　藝文志所著錄的形式，即「蒼頡一篇」，班固注所謂包括了〈蒼
　　　　頡〉七章，〈爰歷〉六章以及〈博學〉七章，三部分的二十章
　　　　本。

亦即，林氏推測阜陽漢簡《蒼頡篇》之形式為：〈蒼頡〉〈爰歷〉〈博
學〉各篇之首簡以墨圓點為起始，各篇之末簡在末字以後則成為白
簡，這與「閭里書師」合併各篇以前的三篇分立之形式有關。認為
具有白簡的三枚竹簡相當於〈蒼頡〉〈爰歷〉〈博學〉三篇之末尾的
見解，在胡、韓二氏〈《蒼頡篇》的初步研究〉中已經存在：

　　　　值得注意的是，阜陽漢簡《蒼頡篇》正好有三個篇尾，即
　　　　C061、C056、C038。C061 與 C056 末字皆不清，C038 為「業
　　　　未央」。「央」字是陽部字，與《博學》韻同，文義也很像是
　　　　一篇之末，恰可作為旁證。

林氏的見解雖然應該也是由此而來，但是墨圓點在〈阜陽漢簡《蒼頡篇》〉之摹本中也未曾見，因林氏才首度被指出。然而，依據《文物》1983 年第 2 期「圖版參」所揭載的 C010 之照相圖版，「爰」字的上方確實可見到類似墨圓點之痕跡，但是因爲該處之缺損與圖版本身模糊不清的緣故，尚難以明確把握，林氏之見解若是基於《文物》之照相圖版而來，還是有根據原簡加以檢證之必要。

至於具有白簡部分——被推定爲〈蒼頡〉〈爰歷〉〈博學〉篇尾——的三枚竹簡，也有如下的問題點。根據胡、韓二氏〈《蒼頡篇》的初步研究〉，阜陽漢簡《蒼頡篇》中完整保存的文字有 541 字，未超過從《漢書‧藝文志》得知、〈蒼頡〉〈爰歷〉〈博學〉三篇合計總字數 3300 字的 17%。但是，這個總字數是根據漢代五十五章本而來，還要考慮到與秦代《蒼頡篇》之間有字數上之差異的可能性，原本對於陪葬的《蒼頡篇》是否爲完整文本猶有疑問，但是無論如何，從竹簡之破損狀況來看，可以預想現存竹簡比起墓葬當時有相當程度的缺損亡佚。同時，若從簡牘資料之分章形式來推測，也必須考慮到不只是〈蒼頡〉〈爰歷〉〈博學〉各篇之篇尾，在各篇的各章之章尾也有白簡存在的可能性，因此，C061、C056、C038 三簡之所以殘存不過是偶然，而且此三簡並不必然是篇尾，是章尾的可能性也未能排除。[5] 從而，林氏認爲有白簡部分之三枚竹簡相當於〈蒼頡〉〈爰歷〉〈博學〉三篇之篇尾，證明阜陽漢簡《蒼頡篇》爲合篇以前

---

[5] 關於此點，參照陳夢家〈由實物所見漢代簡冊制度‧12 標號〉，收於甘肅省博物館、中國科學院考古研究所編《武威漢簡》（文物出版社，1964 年），後再收於《漢簡綴述》（中華書局，1980 年）。

之形式的見解固然值得注目，卻仍要考慮到上述的其他可能性。

　　接下來，試著探討有關各簡書寫字數之見解。林氏根據〈阜陽漢簡《蒼頡篇》〉中「《蒼頡篇》係竹簡，繫以三道編繩，兩道編繩之間距離爲 11.3 厘米左右，現存最長的一條簡尚有 18.6 厘米，估計原簡當在 25 厘米左右」之見解，進行現存殘簡之字數及簡長的比較，推定一簡之容字爲二十字以上，並且由居延漢簡《蒼頡篇》9.1ACB 得知其接續者爲：

C001　▨已起臣僕　發傳約載　趣遽觀望　行步駕服　逋逃隱匿▨

C002　▨□兼天下　海內幷廁　飭端脩澩　變化□▨

由敦煌漢簡《蒼頡篇》1836 得知其接續者爲：

C032　▨□展貧遴　游敖

C033　戲章　黜羆黠黜

C034　黝　黔黮赫報　儵赤白黃　殣棄朡瘦　兒孺旱陽　恐朡▨

據此來證明此觀點。

　　首先就 C001、C002 來看，林氏從其與居延漢簡《蒼頡篇》9.1ACB 之比較得知，C001 末句「逋逃隱匿」與 C002 首句「□兼天下」之間存在缺失字四字，該四字接合於 C001「逋逃隱匿」之後，所以推

定 C001 在「已起」以下書寫有二十四字。但是，關於缺失四字不是接合在 C002「☐兼天下」之前，而是接合在 C001「逋逃隱匿」之後的論述根據，林氏卻只說：「根據簡牘書寫形式知『☑兼天下』在簡片最上方，故所缺四字當繫於簡 1 之最末尾」，僅以此說明來證明四字接合於 C001「逋逃隱匿」之後，有所困難。C001、C002 之照相圖版已公開，據此可確認兩簡為上下缺損之殘簡，但是，缺失四字究竟是接合在 C001「逋逃隱匿」之後？或是接合在 C002「☐兼天下」之前？此問題還是無法釐清。

又，就 C032、C033、C034 而言，林氏也說：

> 簡 32 與簡 33 原為一簡而斷裂為二，簡 34 續接簡 33，而 33 與 34 兩間應缺「覬黝黚」三字，三字應補入 33 下方和 34 上方。

推定 C032、C033、C034 相接合，而且在 C033 與 C034 之間，從其與敦煌漢簡《蒼頡篇》1836 之比較得知，應補入「覬黝黚」三字。但是，林氏並未提出證明此見解的明確根據，即使 C032 與 C033 接合的可能性很高，仍無法釐清 C033 與 C034 接合之問題。

林氏根據這兩個實例做出結論：

> 因此，此兩簡所容納字數分別在二十字以上。由這些簡所書寫字數看來，確實是不同於居延漢簡《蒼頡》的「一觚有三面，每面書寫二十字，合一觚為六十字，即一章」的形式。因此，阜陽《蒼頡》與居延《蒼頡》為不同形式的兩種本子，前者是分為三篇的二十章本，是閭里書師改六十字為一章之

　　前的本子，後者則是併成每章六十字共五十五章的本子。

　　藉由釐清阜陽漢簡《蒼頡篇》一簡字數爲二十字以上一事，林氏指出其與一面二十字、以三面六十字形成一章的五十五章本之差異，試圖證明阜陽漢簡《蒼頡篇》爲「閭里書師」改章以前的形式。一如林氏所提及般，若從阜陽漢簡《蒼頡篇》現存殘簡之字數及簡長之比較來看，一簡字數爲二十字以上的可能性很高。但是，依據先前的兩個實例來具體證明此見解，在現階段不得不說尚有困難。阜陽漢簡《蒼頡篇》因爲只有部份的照相圖版被公開，依據摹本來探討有所限制，與先前〈爰歷〉篇首的墨圓點問題一樣，這個字數問題充分留有將來藉由照相圖版之公開，例如從竹簡上殘留之編綴痕跡之比較分析等來證實林氏見解的可能性。從這一點來看，阜陽漢簡《蒼頡篇》全部殘簡之清晰照相圖版也必須儘早公開。

　　以上，主要以林氏之見解爲中心，檢討了有關阜陽漢簡《蒼頡篇》文獻特性的既成研究。下一節則根據上述之探討，試著提出筆者的見解。

第四節　阜陽漢簡《蒼頡篇》之文獻特性

　　阜陽漢簡《蒼頡篇》乃不同於《漢書・藝文志》所言、經漢代「閭里書師」改章之五十五章本系統的底本，此事在胡、韓二氏〈《蒼頡篇》的初步研究〉中經由與居延漢簡《蒼頡篇》異文之探討已經被指出，林氏也從書寫形式與各簡之書寫字數等兩方面試加證明。但是，一如前節所見，阜陽漢簡《蒼頡篇》與漢代五十五章本在分章形式上的差異，似乎尚未到達具體實證的地步。

　　針對此一問題，筆者在此想再度提出與阜陽漢簡《蒼頡篇》C032、C033、C034 有所重複的敦煌漢簡《蒼頡篇》1836 來討論。首先，列出敦煌漢簡《蒼頡篇》1836 之釋文。

　　敦煌漢簡《蒼頡篇》1836
　　■游敖周章　黠𩢲黯黮　𪍿𪍦黔賜　黔黗赫赧　儵赤白黃

此簡爲竹簡，首尾保存完整，字間距齊一，以嚴謹端正的隸書字體書寫著二十個字。這裡要注意的是，在簡首發現近似方形的符號。此符號依據照相圖版得以確認，但是或許因爲簡首全然漆黑而有些模糊不清，所以迄今似乎無人言及。筆者管見所及的釋文之中，標示出此符號者也只有大庭脩《大英圖書館藏敦煌漢簡》（同朋舍，1990年）。至於此符號之功能，陳夢家以武威漢簡之分析爲中心的〈由實物所見漢代簡冊制度・十二　標號〉之見解[6] 可爲參考。

　　●　中圓點，章句號。其在簡端而其前一簡未足行而已完章留
　　　　空白者，爲章號。其在簡行之中兩字之間只占一字地位者
　　　　爲句號或節號。甲本《服傳》，章號與句號有所區別，章
　　　　號近乎方或橢方，句號是中圓點。

其中，特別是依據「章號近乎方或橢方」一語來看，簡首所見近似方形的符號，無疑是標示一章開頭的章號。從而，雖然章數無法得

---

[6] 參照前揭注（5）

知，卻可知「游敖周章」相當於一章之開頭。[7] 而且，從其字體或
書寫形式，以及相對於一般習字為木簡而此簡為竹簡等點來看，此
簡並非書法練習之類而是課本的一部份，而從一簡之字數為二十字
來推定，與前述的居延漢簡《蒼頡篇》9.1ACB 一樣，此簡之形式是
依從以三枚簡構成一章六十字的漢代五十五章本之形式。

其次，嘗試檢視阜陽漢簡《蒼頡篇》C032、C033、C034。首先
列出已復原其接續的釋文。

阜陽漢簡《蒼頡篇》C032、C033、C034（〔 〕內為依據敦煌漢
簡 1836 而補入之部分）

| ├─ C032 | ├─ C033 | ├─ C034 |

☑☐展賁遴　游敖戩章　黜黶黯黮　〔覭黝黔〕賜　黚黡赫叔
　　　　　　　　　　　▲　　　　　　　　　　　　▲

儵赤白黃　殣棄臒瘦　兒孺旱陽　恐朦☑
　　　　　　　　　　　▲　　　　　　　　　　　　▲

與敦煌漢簡《蒼頡篇》1836 相較而受到注目之點是，由簡首章號得
知其為一章之開頭的「游敖周章」，在阜陽漢簡《蒼頡篇》中卻是位
於 C032 第二句、竹簡中間之位置。而且，只就摹本來看，前句「☐
展賁遴」之「遴」字，與「游」字之間為連續書寫，認不出任何顯

示分章的痕跡。

如此的情形顯示，敦煌漢簡《蒼頡篇》1836 與阜陽漢簡《蒼頡篇》之間，存在分章形式上的差異。也就是說，阜陽漢簡《蒼頡篇》與漢代「閭里書師」之五十五章本在分章形式上有所不同一事，經由阜陽漢簡《蒼頡篇》與敦煌漢簡《蒼頡篇》1836 之比較獲得具體的證實。

所以，根據前面已指出之見解，從本文面來看，經由阜陽漢簡《蒼頡篇》與隸屬五十五章本系統的居延漢簡《蒼頡篇》9.1ACB 之比較，我們已經得知阜陽漢簡《蒼頡篇》的異文中有秦代的因素，那麼，在形式面上也異於五十五章本的阜陽漢簡《蒼頡篇》，其分章形式與秦本二十章有所關連的可能性相當高。

以上，針對阜陽漢簡《蒼頡篇》的文獻特性，以林氏之見解爲中心加以探討。依據林氏之見解，對於阜陽漢簡《蒼頡篇》應做如此之把握——阜陽漢簡《蒼頡篇》是位於秦代二十章本與漢代五十五章本中間的本子，即使依從秦本的分章形式，也已經具有在本文中可見漢代修改痕跡的過渡性特質。但是，如前所述，林氏所指的本文改變之痕跡並未獲得明確證實，其論據亦留有疑點。在形式面上，其分章形式之差異也尚未達到具體證實的階段。

根據至目前爲止的探討來看，與林氏之見解不同，筆者認爲阜陽漢簡《蒼頡篇》中很難認出本文在漢代被修改的顯著痕跡，即使假設在漢代果真有所修改，這種稱爲「避諱字之改寫」的改變，在秦代文獻繼續在漢初通行的情況之下，也僅止於當時有必要之最低限度的修改。又，在形式面上，依據其與敦煌漢簡《蒼頡篇》1836 中的章號之比較，具體證實了阜陽漢簡《蒼頡篇》具有異於漢代五十五章本之分章形式一事。亦即，我們可以指出阜陽漢簡《蒼頡篇》

在本文、形式兩方面都依據秦本而成的可能性。

第五節　漢代《蒼頡篇》之兩面性

　　本章的最後部分，將針對阜陽漢簡《蒼頡篇》之文獻特性，從由文獻資料得知的《蒼頡篇》之兩面性，以及其與漢代《蒼頡篇》之關連等觀點試加探討。

　　《漢書‧藝文志》中有漢代「閭里書師」對《蒼頡篇》加以合併成篇、改章的記錄，所以可知《蒼頡篇》到了漢代也繼續被當成識字課本。藉由第一手資料──漢代簡牘資料，《蒼頡篇》在漢代傳播的實際狀態獲得更具體的證實。亦即，做為書法習字或其課本之類的漢代《蒼頡篇》之殘簡，自敦煌、居延等所謂的邊境前線地區出土，而從完整保存的簡或觚之書寫形式來看，發現合乎「閭里書師」改章的一章六十字體裁之例。如此，敦煌、居延漢簡《蒼頡篇》被當成生動傳達漢代《蒼頡篇》廣泛傳布實態之資料而受到重視。那麼，相對於這些從邊境前線出土的漢代《蒼頡篇》，做為陪葬品而從阜陽雙古堆一號漢墓出土的阜陽漢簡《蒼頡篇》，其特性又要如何掌握呢？

　　如前所述，阜陽雙古堆一號漢墓的墓主，從同時出土之器物上所記的銘文或紀年等來看，得知是漢代開國功臣汝陰侯夏侯嬰之子、第二代汝陰侯夏侯竈。在此成為問題的是，漢代被民間「閭里書師」用來當成課本、連敦煌、居延等邊境地區都廣為流傳的《蒼頡篇》，為何會被陪葬在諸侯之墓中呢？

　　我們立即想到的理由是，可能因為夏侯竈死亡時尚處於須接受識字教育的少年時期，所以用《蒼頡篇》陪葬。依據〈阜陽雙古堆

西漢汝陰侯墓發掘簡報〉得知，墓已被盜挖而無遺骸殘留，所以墓主之年齡無法得到考古學上的求證，但是，這一點從文獻資料上卻可以得到線索。

《史記・卷九十五・樊酈滕灌列傳》中，對於自夏侯嬰始、傳承四代的汝陰侯家譜，記述如下：

> 漢王立為帝。其秋，燕王臧荼反，嬰以太僕從擊荼。明年，從至陳，取楚王信。更食汝陰，剖符世世勿絕。……孝惠帝崩，以太僕事高后。高后崩，代王以來，嬰以太僕與東牟侯入清宮，廢少帝，以天子法駕迎代王代邸，與大臣共立為孝文皇帝，復為太僕。八歲卒，謚為文侯。子夷侯竈立，七年卒。子共侯賜立，三十一年卒。子侯頗尚平陽公主。立十九歲，元鼎二年，坐與父御婢姦罪，自殺，國除。

在窺知夏侯竈享年的問題上可以注意到的是，其子共侯賜在他死後立即繼承爵位之點。也就是說，夏侯竈死亡當時是已經擁有後繼之子的年齡，可知他至少不是有接受識字教育之必要的少年。而且，夏侯竈理應具有充足的識字能力一事，從陪葬品除了《蒼頡篇》之外還有多種書籍之點也可以推量出來。但是，在此要留意之點是，《蒼頡篇》並不只有教導初學者識字的功能，在學會文字之後，也被用來當做書法上的習字課本。敦煌、居延所出土的《蒼頡篇》殘簡，大部分應該是這種書寫筆記上的習字之類。例如，為了記憶文字而將《蒼頡篇》中的「蒼」或「頡」等所謂同一字重覆書寫，這種形態的書寫練習之例，在敦煌、居延的《蒼頡篇》殘簡中，連一例也未發現，其內容全部都是文章之一部份或部分性的點畫練習，顯示

這些書寫練習並非爲了識字，而是爲了書法上的運筆練字。從而，我們仍必須考慮阜陽漢簡《蒼頡篇》做爲習字課本而被陪葬的可能性。

其次，換個角度，試從阜陽漢簡《蒼頡篇》與其他陪葬書籍之關連，來思考《蒼頡篇》的陪葬問題。漢墓之陪葬書籍中可見到一定的傾向之點，已從馬王堆漢墓（數術、方技）、銀雀山漢墓（兵書）、定州漢墓（諸子）等例得知。從而，爲了瞭解《蒼頡篇》被陪葬之意義，當然有必要針對與其他陪葬書籍之關連加以考察。因此，此處再度將〈阜陽漢簡簡介〉所揭的阜陽漢簡之內容列舉如下：

一、《蒼頡篇》

二、《詩經》

三、《周易》

四、《年表》《大事記》

五、《雜方》（後改稱爲《萬物》）

六、《作務員程》

七、《行氣》

八、《相狗經》

九、辭賦

十、《刑德》《日書》（《干支表》附屬於兩者其中之一）

十一、木牘（三件）

又，胡平生〈阜陽雙古堆漢簡數術書簡論〉（《出土文獻研究》第 4 輯，1998 年，中華書局）一文，舉出以下十二種阜陽漢簡之數術書，並一一加以分析。

一、《日書》

二、《五星》

三、《星占》

四、《楚月》

五、《天歷》

六、《算術書》

七、《刑德》

八、《向》

九、《周易》

十、《相狗》

十一、《漢初朔閏表》

十二、《干支》

　　雖然阜陽漢簡的完整內容尚未全部公開，但是依據〈阜陽漢簡簡介〉之說明或胡氏之研究可知，大部分是屬於《漢書・藝文志》分類中的「數術類」之文獻。陪葬書籍中的這種傾向，顯示出墓主夏侯竈與數術有很深的關連，此點從「六壬栻盤」「太乙九宮占盤」「二十八宿圓盤」等三件天文儀器與這些書籍一起出土一事也能獲得更清楚的證實。

　　胡平生〈阜陽雙古堆漢簡數術書簡論〉指出，《漢書・藝文志》的〈六藝略〉中有「《易經》十二篇」之文，同時在〈數術略〉中也可見到以「《周易》三十八卷」為首的七種蓍龜家之《易》，因此，胡氏認為阜陽漢簡中的《周易》是屬於數術類蓍龜家的高實用性之書籍。這可說是根據阜陽漢簡與同時出土之陪葬書籍的關連而提出的重要見解。另一方面，若是注意到陪葬的書籍中，除了這些數術

書之外，還包括成爲後世本草書籍之原型的《萬物》，[8] 那麼，或許有必要注意到同時出土的《詩經》，也具有「多識鳥獸草木之名」(《論語‧陽貨》) 之自然生物書籍的特質。

根據以上對於阜陽雙古堆一號漢墓之陪葬書籍的探討，再度嘗試探詢《蒼頡篇》之陪葬意義時，我們注意到《蒼頡篇》不同於識字課本的另外一面。如前所述，《漢書‧藝文志》中可見到因爲《蒼頡篇》「古字」甚多，宣帝時招聘通曉《蒼頡篇》之正讀的齊人，令其傳授張敞之記事。又，《說文‧敘》中特別記載杜業、爰禮、秦近等「能讀」《蒼頡篇》之人物之名，並且記述平帝時徵集爰禮等百餘人在未央宮中講解文字、以爰禮爲小學元士一事。這些都描繪出《蒼頡篇》做爲學術上之資料，具有不同於初學者之識字課本之特性的一面。《蒼頡篇》中存在涵括多種領域之事物分類的形態一事，藉由阜陽漢簡《蒼頡篇》之探討而獲得證實，殘簡中也發現星辰或動植物、疾病等有關數術或藥草方面的文字。於是，若注意到阜陽漢簡《蒼頡篇》這種百科全書字彙的特性，《蒼頡篇》之陪葬意義或許能得到與其他陪葬書籍共通的整合性理解。

以上之見解始終是從《蒼頡篇》與阜陽雙古堆一號漢墓其他陪葬書籍之關連，試圖解釋《蒼頡篇》之陪葬意義，並提示了一種可能性。但是，若結合前節之探討結果來看，相對於從敦煌、居延等邊境前線出土的漢代五十五章本，阜陽漢簡《蒼頡篇》根據秦代二十章本而成之事實，從它與其他陪葬書籍之關連來說也具有重要的意義。

---

[8] 關於此點，參照胡平生、韓自強〈《萬物》略說〉(《文物》1988 年第 4 期，後再收於《胡平生簡牘文物論集》，蘭臺出版社，2000 年)。

第二章

《蒼頡篇》之內容與結構

序言

　　自安徽省阜陽縣雙古堆一號漢墓出土的竹簡中，整理得出阜陽漢簡《蒼頡篇》125件，[1] 從其與墓葬之關連來推論得知，爲秦滅亡後四十三年、西元前 164 年以前的書寫作品，而從其避諱、語法等推定是依據秦代《蒼頡篇》的漢初寫本。又，在資料數量方面，阜陽漢簡《蒼頡篇》具有判讀字數約 540 餘字，爲當時已知的敦煌、居延漢簡《蒼頡篇》的三倍，被指出可能包括另外的〈爰歷〉〈博學〉二篇。[2] 也就是說，阜陽漢簡《蒼頡篇》在與原始本子之關係及資料數量等兩點上，可說是兼備最佳條件的資料，其探討在窺見《蒼頡篇》之全貌上提供重要的線索。

　　筆者曾經在〈《說文》以前的小學書〉一文中，以《漢書·藝文

---

[1] 阜陽漢簡《蒼頡篇》殘簡 125 件之中，因爲有 1 件爲識別困難的碎片，所以實際對象爲 124 件。

[2] 參照文物局古文獻研究室、安徽省阜陽地區博物館、阜陽漢簡整理組〈阜陽漢簡簡介〉以及胡平生、韓自強〈《蒼頡篇》的初步研究〉（收於《文物》1983年第 2 期）。

志》《說文·敘》爲主，分析了傳世文獻中《蒼頡篇》的相關記錄，
並論述《蒼頡篇》爲秦始皇統一文字之具體資料，同時在釐清啓發
東漢訓詁學的西漢之小學或《說文》以前的中國字書史上，也具有
極爲重要的意義。

　　針對上述《蒼頡篇》在傳世文獻中所顯現的多重意義，本章做
爲具體考察之初步研究，將以出土文獻資料阜陽漢簡《蒼頡篇》爲
中心，對《蒼頡篇》之內容與結構加以探討。[3]

　　探討阜陽漢簡《蒼頡篇》之時，在簡牘資料之特性上存在許多
限制。因此，筆者首先想釐清起因於簡牘資料特性的問題點，再記
述據此成立的阜陽漢簡《蒼頡篇》之探討順序。

　　再者，本章分析之根據爲文物局古文獻研究室　安徽省阜陽地
區博物館　阜陽漢簡整理組〈阜陽漢簡《蒼頡篇》〉（收於《文物》
1983 年第 2 期）中所公開的全簡釋文、簡注、C001(釋文通用統一編
號，指第 1 簡)至 C044（同，指第 44 簡）之摹本，以及筆者所見之
十七枚竹簡的照相圖版。探討時雖是以全部殘簡 125 件爲對象，但
是 C045 之後的竹簡沒有摹本，且大多是判讀字數在三字以下的斷
片，難以成爲完整的資料。因此，本章之資料以能夠依據摹本推想
出釋文的 C001 至 C044 等四十四枚簡爲主，旁及論述時所需的相關
資料。

---

[3] 在分析阜陽漢簡《蒼頡篇》之時，筆者也做出了基本資料〈阜陽漢簡《蒼
頡篇》總索引（稿）〉（《福島大學教育學部論集》人文科學門，第 55 號，1994
年）。

第一節 阜陽漢簡《蒼頡篇》之探討順序

簡牘資料經常是在編綴簡片之編繩已朽壞、各簡分散零落的狀況下出土。從而,如何將它們恢復為原狀(書冊),成為簡牘資料探討上的最大問題。

此時,出土的簡牘資料若是既已傳世之文獻,雖然可以預想到本文上有所異同,但是藉由將傳世文獻之資料當成線索,有可能得以復原。[4] 另一方面,即使出土的簡牘資料未傳世、內容毫無所悉,但是若竹簡保存完好、保持埋葬時之狀態,藉由對竹簡內容或出土狀況的縝密調查,也有達到復原的希望。[5]

但是,阜陽漢簡《蒼頡篇》儘管是未傳世、未被知悉的文獻,由於歷經墳墓崩壞或被盜挖,竹簡以散亂扭曲之狀態出土,完整的竹簡連一枚也沒找到。因此,原始狀態之完全恢復幾乎毫無可能,目前只不過能從其與敦煌、居延漢簡《蒼頡篇》之重複部分,得知 C001—C002 與 C032—C033—C034 等二例之接續。從而,在探討阜陽漢簡《蒼頡篇》之時,如何克服這種資料上的障礙可說是非常重要的課題。

與此相關而特別要注意之點是,《蒼頡篇》具有與一般典籍、文書不同的字書特性。依據筆者之見,《蒼頡篇》雖然包含敘述性質的

---

[4] 具體之例可舉與阜陽漢簡《蒼頡篇》同時出土的阜陽漢簡《詩經》。關於其復原,可參照胡平生、韓自強《阜陽漢簡詩經研究》(上海古籍出版社,1988年)。

[5] 具體之例可舉由睡虎地秦墓竹簡整理出的《編年記》《語書》《秦律十八種》等一連串的文獻。關於其復原,參照雲夢睡虎地秦墓編寫組《雲夢睡虎地秦墓》(文物出版社,1981年)。

部分，其核心卻是文字的羅列形態。從而，藉由對各殘簡的詳細分析，或許可以將整體內容或構造推定至某種程度，同時對於復原殘簡之間的相互接續，也可發揮一定的有效性。

這裡，做爲其後論述之前提，以胡平生、韓自強〈《蒼頡篇》的初步研究〉（收於《文物》1983年第2期，後再收於《胡平生簡牘文物論集》蘭臺出版社，2000年）爲中心，概略提示出既有的相關研究。

羅振玉、王國維對於敦煌漢簡《蒼頡篇》之探討中，指出其四字一句、二句一韻的特徵。〈《蒼頡篇》的初步研究〉則依據以阜陽漢簡《蒼頡篇》爲中心之探討，進一步又舉出以下三點有關用韻的新見解：

1. 每章一韻到底。
2. 在二句一韻之外，漢代《蒼頡篇》第一章末尾也可發現三句一韻之例，而〈爰歷〉之篇首等也發現一句一韻之例。至於三句一韻，可窺見與秦始皇刻石之用韻的關連，被視爲承襲秦代《蒼頡篇》之格式。
3. 至於未押韻句的末字，也可以找到使用韻部較爲接近之字，以求發音和諧之例，可一窺如「交韻」之情形。

而且，該論文提出極應加以注目的假設——因爲《蒼頡篇》殘簡中的押韻字都集中在之部（包括職部）、魚部、陽部等三部，各自相當於構成《蒼頡篇》內容之〈蒼頡〉〈爰歷〉〈博學〉三篇的押韻，可能即是一篇一韻。

雖然這個見解顯示作者有意等待今後之探討而慎重保留其斷定，但是各簡依押韻之不同而分爲三類之事實，在考察《蒼頡篇》

之內容與結構上已成爲重要的立足點。〈阜陽漢簡《蒼頡篇》〉中所
公開的釋文，將各簡依上述的三種押韻予以分類，整理爲四字句之
形態，並且採取以▲標示押韻字的體例。本章之探討基本上也希望
依從此釋文。釋文中各簡依押韻分類如下：

C001—C009　之部押韻
C010—C023　魚部押韻
C024—C038　陽部押韻
C039—C125　押韻不明

　　接下來，筆者想觸及有關字義、句式等之見解。〈《蒼頡篇》的
初步研究〉以阜陽漢簡《蒼頡篇》中所發現之語句爲中心，從字義
與文字排列之關連來試加分類。次圖即是其圖表形式。[6]

○陳列式———□兼天下　海內幷廁……（C001）　爰歷次貤　繼續前圖（C010）

○羅列式—

（1）構成一句之四字全都是近義、同義字。
　　　憼悍驕裾（C003）　囷窌廥倉（C035）

（2）將一句以二字一組分爲兩組，兩組彼此在意義上無關連，
　　　但各組內並列同義、近義字。
　　　趣遽觀望（C001）　兒孺旱陽（C034）

（3）將反義的二字組合於一處。
　　　吉忌（C007）　開閉（C028）鼓散（C042）

（4）同義、近義字更加地集中與增加，形成一大事物部類。
　　　黚黸黯黮　黿勲黔駰　黔驈赫赧　儵赤白黃（C033-C034）

---

[6] 圖中之用例，爲〈《蒼頡篇》的初步研究〉所示者，附上釋文通用統一編
號，以明示其所在。

依據此一分類得知，《蒼頡篇》的文字排列與字義有密切的關係，但是此探討是以一句四字爲中心，仍未能從整體的立場對各簡充分考察。又，如前所述，透過對各殘簡之分析試著推定《蒼頡篇》之整體像時，我們必須注意到各簡在內容與結構方面可能具有某些共同特色。

下一節將基於這樣的問題意識，以字義與文字排列之關連爲中心，分析阜陽漢簡《蒼頡篇》之內容與結構。

第二節 文字排列之形態與分析

阜陽漢簡《蒼頡篇》的殘簡中可看出種種的形貌。現在，將各簡之字義與文字排列當做分析這些形貌的手段之一，大概可以得出如下的三種形態：

I. 陳述式形態
II. 連文式形態
III. 類義字羅列形態

但是，如前所述，除去若干的例外，大半的殘簡接續不明，而且因爲殘簡中有許多缺損或無法判讀的文字，所以我們只能以數量多、保存狀況較佳、留存字數多的殘簡爲中心來分析。從而，上述之形態也是歸納特徵顯著的用例後所得出的結果。因此，我們必須瞭解下面的分析也會受這種限制所約束。

那麼，針對各種形態，我們依序舉出實例加以探討。

　　首先，I 在〈《蒼頡篇》的初步研究〉之分類中，是由「陳述式」之句形成的形態。以下，依據該論文顯示其例。

・☑□兼天下　海內幷廁　飭端脩濃　變化☑□（C002）
　　　　　　　　　　　　　　　▲

・爰歷次貤　繼續前圖（C010）
　▲　　　　　▲

　　該論文指出，C002 是以歌功頌德爲內容，而 C010 之部分則相當於〈爰歷〉篇首，說明其與〈蒼頡〉接續一事。而且，該論文還報告說，從 1970 年代因調查所新獲的居延漢簡中整理得出的《蒼頡篇》殘簡，其第一章約六十字左右幾乎完整留存，爲典型的陳述式，全章的中心主題爲「勸學」。

　　歸類於 I 的三例，具有稍微特殊的內容，其中二例並且相當於篇首部分，此狀況使得我們可以推測，陳述式形態在《蒼頡篇》中可能占有特別的位置。一如該論文所指出：「總的說來，陳述式的章節和句式似乎不是很多」，難以找出可確定爲 I 之例的事實，更增進了此一推定。

　　其次，將分析焦點移至 II 連文式形態。相對於 I 爲典型的敘述形態，II 的特色在於以二字彼此在意義上有密切關連的連文爲中心而形成。這裡以顯現 II 之特徵的 C003 爲分析對象，將各字之關連圖表化，並加上若干的解說。

☑䡅隸佐胥，慈悍驕裾，誅罰賞耐，政勝誤亂☑（C003）
　　▲　　　　　　　　　　　▲

爲了論述上的方便，首先從第二句開始分析。第二句「憝悍驕裾」，在前述〈《蒼頡篇》的初步研究〉之句式分類中，是羅列式中、一句四字全部爲近義或同義字之用例。但是，在被視爲與《蒼頡篇》幾爲同時代資料的睡虎地秦墓竹簡《爲吏之道》[7]之中，也可找到同樣四字句構成的「勞悍袤暴」「倨驕毋人」等用例，由此推測四字並無均等之關係，當時是意識到「憝悍」「驕裾」之二字連文而將此兩組並列，結果形成同義、近義的四字句。

同樣的二字爲一組、二組爲一句之關係，在第三句「誅罰貲耐」中也可看出。前半的「誅罰」二字，均有咎罪罰過的共同意義；後半的「貲耐」在《說文》[8]中有「貲，小罰吕財自贖也」〈六下・貝部〉、「耐，罪不至於髡也」〈九下，而部〉，可知都是輕罪所科之小罰。[9]從而，第三句由兩組的二字連文所構成，後半的「貲耐」相當於前半「誅罰」的具體內容。[10]

第四句「政勝誤亂」也與前述兩句同樣，可視爲兩組的二字連文。雖然因爲其下文缺損亡佚而使下述見解僅限於臆測，但是該句後半的「誤亂」或許可能扮演前半「政勝」之賓語的角色。

---

[7] 睡虎地秦墓竹簡之引用，依據睡虎地秦墓竹簡整理小組《睡虎地秦墓竹簡》（文物出版社，1978 年）。

[8] 以下，《說文》之引用，依據段玉裁《說文解字注》（上海古籍出版社，1981 年）。

[9] 「貲」「耐」散見於睡虎地秦墓出土的秦律之中，可以窺見當時實施的實際情形。

[10] 「誅罰」，雖然也可能與「貲耐」同樣爲刑罰名，但是，即使如此，還是可以將此句視爲是「誅罰」「貲耐」兩組的二字連文。

　　總之，由上述之分析可以看出，「罪與罰」是第二、三、四句的一貫主題，推定此三句是在這樣的共同主題下被排列。

　　這裡，試著分析先前保留的第一句。此句也與第二句以下一樣，句中有兩組的二字連文，且彼此之間有密切的關連。然而，雖然由於其上文缺損亡佚而難以明確把握，但是在該句中似乎看不出其下三句均有的共同主題，我們也可以想像第一句也許是其他主題之相關部分。

　　由以上的分析結果得知，Ⅱ連文式形態是在某個主題下，以連文為中心且彼此關連的二字之組合來陳述，也就是具有介乎陳述式與羅列式之間過渡性質之形態。依據筆者之管見，此處舉出的 C003 是Ⅱ之中兩端特質較為均衡的例子之一。除此之外，Ⅱ之中尚有更接近陳述式形態之部分，或是相反地，更接近羅列式形態的連文羅列並置之部分，在各該部分當中也找得出內容難以把握之例。其細節雖然容後再述，但是因為這兩部分在以二字連文為基調一點上具有共同性，得以歸類在Ⅱ之內。而且，這樣的例子因為散見於阜陽漢簡《蒼頡篇》之中，所以我們推測Ⅱ是比Ⅰ更為重要之形態。

　　接著，將分析焦點移到Ⅲ類義字羅列式形態。此形態在前述的〈《蒼頡篇》的初步研究〉之分類中，是由相當於羅列式（1）的句子所構成，同時可窺見其與（4）之關連。比起Ⅱ之情形，Ⅲ的形態特性（如後述）在殘簡中較容易判定，而且可找出許多用例。以下，就各殘簡中被視為Ⅲ的部分，挑出其中保存一句以上者依序列出。

・巴蜀榮杅　筐篋簽笥（C004）

▲

・癟瘴癯瘛　疢痛遬欬　毒（C007）

▲

・繭絲枲帕　布絮繫紮（C012）

▲

・鼈魚　陷阱釾釣　簽笱罜罝（C013）

▲　　　　　　　▲

・機杼縢襆　紝綜籆纑（C014）

▲

・荼菫薽菹　貔獺卿豰　鰡駒貂狐　蛟龍龜蛇（C015）

▲　　　　　　　▲

・此云主　而乃之於　縱舍擣挈　攜控抵扞　拘取弸（C021）

▲

・盂　槃案栝几　鐙釪（C023）

▲

・痞疝禿瘻　齲齫痍傷　毆伐痏痋　胅胅（C025）

▲

・邑里　縣鄙封疆　徑路衝（C027）

▲

・街巷垣藩　開闢門閣　闕（C028）

▲

・室内　窓牖戶房　枰楣椽桄　杝杝橋梁（C029）

▲　　　　　　　▲

・稌科　尌莖稷穜（C030）

▲

· 點黶黯黜　黤黝黔暘　黔黗赫赧　儵赤白黃（C033-C034）
　　　　▲　　　　　　　　　▲

· 廥廄　囷窌廩倉　秉橝參斗　升半實當（C035）
　　　▲　　　　　　▲

· 贅拾鈞銘　鑄冶鎔鑲（C036）
　　　　　▲

　　依據以上諸例可知，《蒼頡篇》具有將多種領域之文字依每一類別集中排列之特性，也可說是語彙分類體之特性。這樣的特性一如C004（竹）、C007（疒）、C012（絲）、C021（手）、C028（門）、C029（木）、C033—C034（黑）、C036（金）等，產生同部首之字集中化的結果。而且，Ⅲ的特徵是大致上以名詞為中心而形成。也就是說，在Ⅲ之中可以窺見這樣的排列意圖：藉由將同種類之名詞集中羅列而形成一個部類，顯示各文字之所屬，以期將各個字的名義予以明確化。

　　那麼，如此形成的各個部類之中，究竟可否找出一定的基本單位呢？

　　為了探討這個問題，這裡想將焦點置於押韻上。首先，將包含前面諸例在內的全部殘簡，統一其押韻字之位置而列出，形成如次表：

　　　　☒絕　　冢章棺区　　巴蜀荼打　　筐篋簦筍　　廚宰犆牟　□☒（C004）
　　　　▲
☒□□俗　狼鷺吉忌　瘜瘩癰痤　疢痛遫欳　毒☒（C007）
　　　　▲　　　　　　　　　　　　　　　▲
　　　　☒　　　　繭絲枲帑　　布絮縶絜　　雙幹算□☒（C012）

　　　　☒鼈魚　　陷阱釘釣　　箸笥罯置　　□☒C013）

　　　　☒　　　　機杼縢榎　　紅綜簆纑　　☒（C014）
　　　　　　　　　　　　　　　　　　　　　▲
　　　　☒荼菫蓤萓　貔獺鄉縠　鮉駒貂狐　蛟龍龜蛇☒（C015）
　　　　　　　　　　　　　　　　　　　　▲
☒此云主　而乃之於　縱舍搏挈　攜控抵扜　拘取弳☒（C021）

　　　　☒盉　　　縶案栝几　　鐙釦□□　　☒（C023）
　　　　▲
　　　　☒　　　　疧疚禿癭　　齲齬痍傷　　毆伐疢痏　肤肤☒（C025）
　　　　　　　　　　　　　　　　　　　　　▲
　　　　　　　　　☒邑里　　　縣鄙封彊　　徑路衢□☒（C027）
　　　　　　　　　　　　　　　　　　　　▲
　　☒街巷垣藩　開閉門閭　闕☒（C028）
　　　　▲

　　　　　　　　☒室內　　窻牖戶房　　梓楯棟桷　　杧杴橋梁☒（C029）
　　　　　　　　　　　　　　　　　▲　　　　　　　　　▲
　　　　　　　　☒秪科　　尌莝稷種　　姪娣☒（C030）
　　　　　　　　　　　　　　　　　▲
　　☒戠章　　黮黷黯黲　（䁾䁓黔）賜　黬黭赫赧　儵赤白黃[11]（C033–C034）
　　　　▲　　　　　　　　　　　　　　　▲
　　　　　　　☒庤廄　　困宇廩倉　　秉橙參斗　　升半實當☒（C035）
　　　　　　　　　　　　　　　　　　　　　　　　　　▲
　　　☒氐羌　　贅拾鈞鎔　　鑄冶鎔鑲　　□頁□□☒（C036）
　　　▲　　　　　　　　　　　　　▲

　　依據此表可指出，屬於Ⅲ之諸例具有這樣的排列共同性——押韻與押韻之間大致上用虛線區隔出二句八字，以此做為一個群組。關於此點，以下舉出 C015 與 C033—C034 為例試加分析。

　　首先，分析 C015 可知，第一句雖然缺少其上之句，卻被視為全部都是「菜」之相關名詞的集合，顯然與第二句以下為不同類。因為第一句的末字「蒩」可見押韻，證明先前的假設，所以將問題焦點集中在第二句至第四句。

　　第二句以下全都可以用動物名來總括。但是，仔細考察各個字義卻發現，第二句、第三句「貔貛卿㲉　貖鮈貂狐」為陸棲動物（皮毛野獸）名，相對於此，第四句「蛟龍龜蛇」（下文佚失）則是水棲動物名，其性質之不同顯而易見。這樣在排列上的區分，被解釋為反映出關於生態的分類意識，因而能將第二句、第三句視為同一群組。

　　以上所述若以圖表簡略表示，則如下圖：

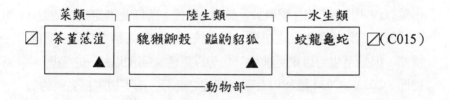

　　其次，將焦點轉移到 C033—C034 之分析。這是因敦煌漢簡而得知其接續的竹簡，括弧內為依此補充之部分。[12]

----

[12] 敦煌漢簡《蒼頡篇》之引用，依據羅振玉、王國維《流沙墜簡》（上虞羅氏宸翰樓景石印本，1914 年）所收〈小學術數方技書考釋‧小學類〉。

　　〈《蒼頡篇》的初步研究〉在先前所示的分類中，舉此部分做爲羅列式（4）之例，說：「羅列了十六種顏色，其中與黑色有關的就有十一種」，用黑色爲主的色彩名來總括。

　　此處，將此部分依先前之假設，分割爲二句八字來顯示。

點驪黯黮　（黢黝黔）賜
　　　　　▲

黚黤赫赧　黱赤白黃
　　　　　▲

　　對比兩者可發現，相對於前半二句都是黑字偏旁的文字，後半二句包含其他赤、白、黃等不同種類的色彩名，這一點可看出排列上的差異。另一方面，若以不同的見解來看，此部分具有將黑字偏旁之字集中排列之意圖，第三句開頭的「黚黤」二字，因爲沒有被收入前半二句而被分配與此，這樣的推定也有可能。但是，這種情形難以說明爲何「黱」配置於「赫赧」之後，所以此推定難以成立。

　　後半二句的色彩名之排列，是基於什麼樣的意圖呢？無法明確得知，但是至少可以窺見前半二句想以黑色文字加以統一之意圖。從而，C033—C034雖然尚有難以把握之部分，卻不被視爲先前的假設之反證，我們可以推測其排列形態與C015中第二、三句兩句與第四句之間的關係一樣，是在「色彩」的共同主題下，以二句八字爲一個群組，嘗試做出次分類。

　　依據目前爲止的論述可知，Ⅲ之中存在以二句八字構成一個群組的排列意圖，而二句以上之例似乎也是在同部類中鋪陳展開者，經由詳細分析得知，同樣具有以二句爲一個群組的共同性。這樣的

共同性適用於前表所示Ⅲ的全部用例，在目前的時點上似乎並未找出能夠積極推翻此假設的反例。

　　這裡應特別注目之點是，如前所述，構成一群組的二句八字，在其末字爲押韻處一點上全部一致（A），而沒有押韻字位於一群組之中間位置之例（B）。

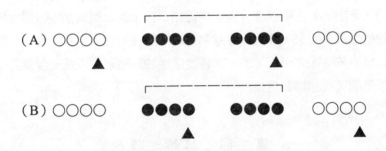

　　一句一韻、三句一韻之例爲二句一韻之例外的見解，先前已有所介紹。這些例外應該全都與Ⅰ陳述式形態有密切的關係，而Ⅲ則全是二句一韻之形式。至於《蒼頡篇》中的押韻，向來被認爲主要與朗讀誦習有關連。依據目前爲止的分析可知，構成一個群組的二句八字，其末字毫無例外地一致爲押韻處，此狀況說明押韻不只是爲了朗讀誦習上的方便，同時也具有顯示意義之總結的功能。

　　依前面諸例之分析結果，對於Ⅲ可歸納出以下三點共同性。

（1）類義字羅列形態，大體上是以名詞爲中心而形成。

（2）依據部類或其內部的次分類，以二句八字爲一個群組。

（3）押韻處全部都位於一個群組的末字上。

以上，本節將阜陽漢簡《蒼頡篇》的文字排列分爲三個形態，個別地加以探討。從其結果可推測《蒼頡篇》中Ⅱ、Ⅲ佔有核心位置，而Ⅲ是顯示《蒼頡篇》之分類體字書特性的形態。

但是，如前所述，當我們以阜陽漢簡《蒼頡篇》爲資料而試圖釐清《蒼頡篇》之內容與結構時，大部分爲小片斷簡之事實成爲莫大的障礙。而殘簡之接續，從敦煌、居延漢簡《蒼頡篇》與阜陽漢簡《蒼頡篇》之重複部分也僅能得知二例。此二例雖都是依據所謂的外部資料而來，卻因爲注意到殘簡內部在形態上之共同性，有得以推定其接續之可能。下一節將從這樣的問題意識，進一步探討阜陽漢簡《蒼頡篇》之接續。

第三節　接續之復原

確定阜陽漢簡《蒼頡篇》之接續，除了等待發現最終證實其接續之資料外別無他法，資料上的限制目前仍無法圓滿解決。但是，對於含有Ⅲ類義字羅列式形態（由敘述性薄弱之文字羅列組成）的殘簡，藉由適用前節分析得出的三點共同性，或許有推定其接續之可能。

筆者基於這樣的問題意識，仔細分析了全部的殘簡，結果得出符合前述三點共同性的 C015—C013、C027—C028、C058—C035 三例。以下就各例個別加以考察。

（1）C015—C013

C015 的最末句爲「蛟龍龜蛇」，如前所述，推定是有關水棲動

物名之羅列式形態的前半部份。從而，對於接在 C015 之後的殘簡，我們得以設定這樣的條件：前半部爲有關水棲動物之句，其排列爲缺損在四字之內、押韻在末字者。

　　檢索符合這些條件之殘簡，找到簡首有「▱鱉魚」的 C013。除了 C015 之外，全部殘簡中發現有關水棲動物名之文字排列者，只有 C013；而且 C013、C015 都是魚部押韻，若依從〈《蒼頡篇》的初步研究〉之推定，兩簡可能存於同一篇之內。

　　以上探討之結果，C015 與 C013 之接續被復原如下：

```
                              C015┐
  ▱荼葷蒁葰   貔獺䶂㲋   鰼鮈貂狐   蛟龍龜蛇
      ▲                       ▲

   ┌C013
  □□鼈魚   陷阱釦釣   箸笱罥置   □▱
      ▲                   ▲
```

（2）C027—C028

　　C027 的最末句爲「徑路衢□」，推定這是有關通道的羅列式形態之前半部份。從而，對於接在 C027 之後的殘簡，我們得以設定這樣的條件：前半部爲有關通道之句，其排列爲缺損在四字之內、押韻於末字者。

　　檢索符合這些條件之殘簡，找到簡首有「▱街巷垣墻」的 C028。與先前的情形相同，C027 之外可見到有關通道之文字排列者，全部殘簡中只有 C028，而且兩簡都是陽部押韻，具有存於同一篇內的可能性。

以上探討之結果，C027 與 C028 之接續被復原如下：

C027———┐

▱□邑里　縣鄙封彊　徑路衝□

▲

┌———C028

街巷垣薔　開閉門閭　關▱

▲

而且，依據摹本可以發現，C027 之末字「衝」與 C028 之首字「街」，如次圖般，右側的「亍」同樣都有所缺損。

如此在文字缺損上的類似性，暗示兩簡之接合，支持先前復原之結果。[13]

（3）C058—C035

C035 的開頭二句「☑□廥廄 困窌廩倉」，是關於倉庫的羅列式形態，若適用前述的共同性，可以推定缺損的前半部二字也是關於倉庫之字。依據摹本可知，「廥」上方的殘存部分，如次圖，爲含有「寸」之字。

於是，檢索有關倉庫之字而含有「寸」者，發現與《說文·九下·广部》中其意爲「文書臧也」的「府」字非常近似。

以上是依據 C035 做出的推定，與此推定相呼應的是以下引用的 C058 之釋文及所附帶的按語。

C058 庫庁

按，《居延漢簡》282.1「□堂庫府。」据此則「庫」下一字爲「府」。

也就是說，依據居延漢簡《蒼頡篇》中記有「□堂庫府」之竹簡（282.1），C058「庫」下方之殘缺字被比定爲「府」。從而，C058 完全符合先前依據 C035 推定出的接續簡之條件。

「府」字當中，C058 末尾的「广」與 C035 開頭的「付」在缺損部分吻合，如實地說明此二簡原爲接合一事。

　　以上的見解從聲韻學的立場還可再附加其他有力的佐證。居延漢簡《蒼頡篇》中的「□堂庫府」，依據目前爲止的探討結果，推定位在如下的排列上。

　　　□堂　庫府廥廄　囷窌廥倉
　　　　▲　　　　　　　▲

從而，上述的復原若是正確，如▲所示，「堂」應該是押韻之處，而且與下面第二句之末字「倉」，同爲陽部韻。「堂」正是陽部押韻字，可證明此接續的適當性。

　　同時，該部分僅留存三個字，對於以往完全不知應置於何處的居延漢簡《蒼頡篇》282.1，也帶來新的思考方向。依據目前爲止的探討來復原，C058 與 C035 接合如下。括弧內是依據居延漢簡 282.1 所補充者。[14]

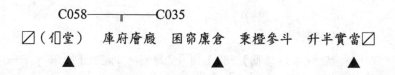

　　　　　C058————＋————C035
　　☑（仿堂）　庫府廥廄　囷窌廥倉　秉橙參斗　升半實當☑
　　　　　▲　　　　　　　▲　　　　　　　▲

　　以上，分析Ⅲ類義字羅列式形態之諸例，結果歸納出三點共同性，藉由適用此三點共同性，試著復原新的三例接續簡。從用例歸納出殘簡內部之共同性，以此爲基礎而復原之接續，同時滿足押韻

字之部一致、文字之缺損類似、文字之殘缺部分吻合等所謂的外在諸要件，此現象證明上述歸納結果之合理性以及復原之適當性。

第四節　各形態之連結與展開

前面第二節之探討，乃是根據〈《蒼頡篇》的初步研究〉之分類，基於各殘簡之字義與文字排列之間可能有某些共同性之問題意識而來。本節承接這一點，在 C001—C002 與 C032—C033—C034 二例（從其與敦煌、居延漢簡《蒼頡篇》之關連而明白其接續）之外，再加上在上一節推定其接續的 C015—C013、C027—C028、C058—C035 三例，以此五例爲中心，從更爲宏觀的觀點來分析 I、II、III 各形態如何連結與展開。同時，這也有助於究明《蒼頡篇》之整體像。

那麼，我們就從依據居延漢簡《蒼頡篇》而明白其接續的 C001—C002 之分析開始。首先，顯示附上記號後的釋文。括弧內是依據居延漢簡 9.1A、9.1C 所補充者。[15]

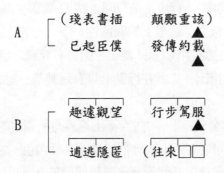

---

[15] 關於依據居延漢簡《蒼頡篇》所補充之處，本文依從〈《蒼頡篇》的初步研究〉中所示之校正，將《居延漢簡甲乙編・下冊・肆・釋文九・一A》的「戲」改爲「瑑（笺）」，「願」改爲「顯」。

```
        ┌ 漢）兼天下    海內幵廝
    C ┤                              ▲
        └ 飭端脩灋      變⑴▢
```

如釋文所示，這部分或許可以區分爲 A、B、C 三個部分。

首先，A 可以見到如「發傳」般、後字相當於前字之補語的例子，或是如「已起臣僕」般、「臣僕」爲「起」之賓語的例子，整體而言可窺見其敘述性。但是，另一方面，如「瑲（箋）表」「顛顥」「臣僕」等，也可發現前後二字之間具有類義字之並列關係。因爲與 I 之例在若干形貌上也有所差異，可以將之歸類於 II。

其次，如釋文中以 ┌─┐ 所示般，B 整體由連文形成。〈《蒼頡篇》的初步研究〉舉 B 的「趣遽觀望」爲句式分類（2）之例，並說明：「一句分爲兩組，兩組詞意義各不相干，各組內的同義、近義詞並列」。的確，若自一句四字的觀點來看可以如此說明，但是若對 B 做整體性的探討，值得注意之點是這些連文全都由有關行動、行爲之動詞所組成。

又，「行步駕服」之句中，「行步」是有關走路、「駕服」是有關車馬之字，兩者之間有「移動」意義上的關連性；下一句的「逋逃隱匿」中，「逋逃」具有逃亡之字義，而「隱匿」則具有躲藏之字義，從字義之連繫來看則可以指出，二者在行動上具有迴避某一對象的共同性。

根據這樣的分析來推測，在同一句內看不出意義有所關連的「趣遽」與「觀望」，在與其他句之關連上或許也扮演著某種角色。從而，B 很有可能是依據連文而敘述某種狀況者，得以歸類於 II。

C 相對於 A、B 而言，是如前所述典型的敘述體，屬於 I。其語法之中，可以窺見與秦始皇時期泰山刻石等銘文有密切的關連。

　　那麼，Ａ、Ｂ、Ｃ相互之間又有如何的關連呢？

　　這樣的韻文形式，因為是殘簡之緣故，無法明白其與前後文之關連，所以必須先設想到其解釋可能難定於一。但是，若根據上述之分析結果，或許可以做出如下之推測。也就是說，我們可以想像這樣的關連——Ａ是文書發布之狀況，Ｂ是伴隨Ａ之行動、行為，而Ｃ可能相當於文書之內容，是對天下統一之頌辭。如果大致上接受此一推測，Ａ、Ｂ、Ｃ就得以被視為是在關於天下統一之主題下而排列出之形式。

　　又，Ａ、Ｂ、Ｃ中的押韻處，相當於應該附上句點之位置，可知先前在Ⅲ中所指出的押韻功能，在Ⅰ、Ⅱ中也同樣看得到。

　　其次，將分析焦點移至 C032─C033─C034。首先，顯示其釋文。括弧內為依據《流沙墜簡》增補者。

A　　☒□展貪遊　　游敖戲章　▲

B　　點屬黯黸　（隸勡黔）賜　▲
　　黔金黗赫赧　儵赤白黃　▲

C　　薶棄腰瘦　　兒孺旱陽　▲
　　恐慢☒

　　Ａ與Ｃ如┌─┐所示之部分，二字相互之間可能具有共同意義，將其都視為Ⅱ之形態。相對於此，Ｂ如前所述是Ⅲ之形態，形成色

彩名之部類。

　　關於 A、C，因爲上文或下文有所欠缺，難以正確掌握其內容，推測恐怕與先前的情況一樣，是在某個主題之下被排列。

　　至於 A、B、C 相互之間的關連，A 與 C 因爲缺損無法充分得知。在這樣不確定因素甚多的情形下，雖然下述見解僅止於臆測，但是從殘存部分來推測，A 與 C 之間似乎難以窺見顯著的關連性；或者也可以將 A 與 C 視爲是在《蒼頡篇》的文字排列上，從某個主題朝向其他主題的移動，而且常常不是連續、無間斷地鋪陳，而是如同段落般、一段一段地展開。

　　目前爲止做爲分析對象的二例，被推定是包含 I、II 或是 II、III 兩種不同形態的部分。其中，I 與 II 之間可以發現一邊相互關連、一邊發展之例。但是，I 與 III 之間，或是 II 與 III 之間，似乎難以發現意義有所關連而產生連結的明確用例。

　　如前所述，I 及 II 都很難從零碎的殘簡來正確認定，這種用例採樣上之差別，成爲難以發現兩者各自與 III 有所連結之用例的一大原因。另一方面，如後文所探討般，III 因爲同形態之連結而占了主流，所以我們也許可以推測，III 與 I 之間、或是 III 與 II 之間的關連，從其形態之差異來看也是較爲薄弱。

　　接下來，以上一節復原的三例爲中心，針對 III 的各部分如何連結、展開加以考察。

　　首先，從 C015—C013 的分析開始。此部分全部是 III 之形態，或許可以區分如下：

```
A                  ☑荼菫薞茼
                     ▲
B      貔獺鄃㲉      鰝魡貂狐
                     ▲
C      蛟龍龜蛇      □□鼈魚
                     ▲
D      陷阱釦釣      箸笱罜罝☑
                     ▲
```

　　A 是有關「菜」之文字的羅列式形態，推測在缺失的上句中恐怕也存在同類之字。至於 A 與 B 之關係，因為 A 之上句缺失而難以明確把握。B 與 C，如前所述從動物名之觀點得以總括，而且在排列上有生態差異之區分。D 之二句都是以有關捕獲魚獸的文字所構成，這裡必須注意到的是，我們可以明確發現將這些字依照材料或用途歸納出次分類的排列意圖。

　　關於此點，以下以《說文》為中心資料，將各個字義條列舉出並加以考察。

　　　陷，高下也，……一曰，㫖也〈十四下·自部〉
　　　阱，陷也〈五下·井部〉

「陷阱」是以陷落、誘陷等共同字義為連結的連文，在此顯然是從與下文之關連而明白其為「陷阱」之意。

釦〈阜陽漢簡《蒼頡篇》・簡注（11）〉「『釣』前一字疑為『鈌』。
《說文》鈌，刺也。」
釣，鉤魚也〈十四上・金部〉

「釦」依簡注（11）之推定，解釋爲藉由穿刺之行爲而捕獲之意。
至於此字擬爲「鈌」之點，與摹本之字形相較，雖然仍有置疑之餘
地，但是二字與下面的「釣」字同樣，都是表示是金屬製之捕具、
或是藉此而達成的捕獲行爲，此點無庸置疑。

箵，《說文》不見。〈阜陽漢簡《蒼頡篇》・簡注（11）〉「箵，
通罶，魚網」
笱，曲竹捕魚笱也〈三上・句部〉

「箵」所引用的簡注（11），乃是依據《說文・七下・网部》「罶，
魚网也」而解釋者。但是，下文中也有表示魚網的「罯」，而且，若
一併考慮到在前後排列中二字相互間之緊密關連，將「箵」單純地
解釋爲「罶」之通用字很容易出錯，不如說應該與「笱」同樣，是
竹製的捕獲工具之意。

罯，覆也〈七下・网部〉。〈阜陽漢簡《蒼頡篇》・簡注（11）〉
「罯，《廣韻》『魚網』」
罝，兔网也〈七下・网部〉。

此二字都是表示捕獲用之網。「罝」在《爾雅・釋器》也有「兔罟謂之
罝」之解，若依從《呂氏春秋・卷二十六・上農》「�網罝罘不敢出於

門」之高誘注：「罝，獸罟也」，「罝」相對於「罜」之魚網而言，也可廣義地解釋為捕捉毛獸之網。

　　如此，D中可發現二字相互的緊密關連，如實窺知「陷阱」（阜）、「釦釣」（金）、「籆笱」（竹）、「罜罝」（网）等二字在部首上的共同性。依筆者之見，這種二字連結之排列意圖大致上是貫穿Ⅲ之全部用例，我們可以推測，Ⅲ與被指有同樣特點的Ⅱ共同形成《蒼頡篇》之基調。

　　依據目前為止對D之分析，我們可以清楚得知，其排列並非從捕獲之對象，而是從材料、用途等觀點來分類。從而，D並非承接B—C的分類排列，而是如次圖般，因其與B—C之整體關連來配置，並依據獨自的標準來排列。

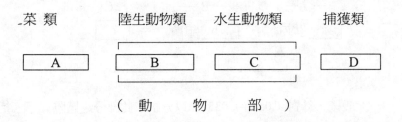

　　接下來，將分析焦點移到C027—C028。與前面同樣，此部分也是由Ⅲ所組成，可以區分如下：

A　　☒☐邑里　縣鄙封疆
　　　　　　　　　　▲
B　　徑路衢☐　街巷垣牆
　　　　　　　　　　▲
C　　開閉門閭　闕☒

　　這裡受到注目的是，A 最末二字「封彊」，與 B 最末二字「垣藩」，
各自在其上文與性質上有若干差異之點。如此之情況反過來說，我
們可以預測這些以二字一組爲單位的語詞在各部類中可能具有某些
特別的功能。

　　一如《戰國策・卷三十一・燕策》中有「國之有封彊，猶家之
有垣牆」般，「封彊」與「垣藩」，在其爲有關土地或房屋界限之語
一點上，可看出密切的共同性。從這樣的觀點來分析 A、B、C，發
現如次圖般，「封彊」之中同時具有稱得上是行政區分的 a 部分，與
由土地區分之通道名稱所構成的 b 部分之性質，同樣地在「垣藩」
之中也可窺見有關區隔出「通道」與「家宅」而繼續朝 c 部分之「門」
發展的連結功能。

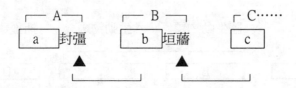

　　最後，針對 C058—C035 加以分析。此部分之區隔如下。括弧
內是依居延漢簡 282.1 增補者。

A　　　　　　☑（亻□堂）
　　　　　　　　　▲
B　府庫厄廄　囷窌廩倉
　　　　　　　　　▲
C　秉橙參斗　升半實當
　　　　　　　　　▲
　　散聚☑
　　？？

　　A　只有「堂」一字完整留存所以不明其詳，或許與關乎宅室的C029 有某些關連。又，C035 的最末二字，如釋文所示，因缺損而難以判讀。從摹本所示的殘存部分來推定，或許是「散聚」，但終究只限於臆測，須排除於分析對象之外。B　如前述，顯示是依倉庫名稱而形成的Ⅲ之形態。C 則是有關穀物計量的文字群組，可窺見Ⅲ之傾向。

　　目前為止我們具體指出，Ⅲ之諸例均非隨意羅列，而是基於部類內之分類或前後之關連等綿密的意圖而排列，而同樣的排列意圖在 C058—C035 之中也顯著可見。

　　首先，試將 B 的各個字義依照《說文》之順序列舉出來。

　　庫，兵車臧也〈九下・广部〉。

　　府，文書臧也〈九下・广部〉。

　　廥，芻稾之臧也〈九下・广部〉。

　　廄，馬舍也〈九下・广部〉。

　　囷，廩之圜者〈六下・囗部〉。

　　窌，窖也〈七下・穴部〉。

　　廩，穀所振入也〈五下，㐭部〉。

　　倉，穀藏也〈五下，倉部〉。

　　依據這些可知，B 之中也存在「庫府」「廥廄」「囷窌」「廩倉」等先前指出的以二字為一單位之緊密連結。進而，應該注意的是，如次圖所示，有關穀物之「廩倉」被配置在 B 之末尾，結果與有關穀物計量的 C 之「秉㯲」產生密切的關連。換言之，B 末尾的「廩倉」與 C 開頭的「秉㯲」，擔負著由 B 朝向 C 鋪陳展開的連結功能。

¹⁶ 因此，同樣的功能在 A 之「伫堂」與 B 之「庫府」之間也可能存在。

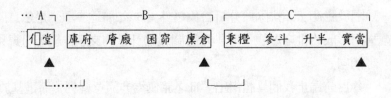

　　以上，根據前節爲止之探討，在本節中對於阜陽漢簡《蒼頡篇》中的各種形態如何與同一形態或其他形態相互連結、展開一事，具體分析其形貌。其結果顯示，藉由聯想法所產生的關連，各種形態相互連結與鋪陳，其背後存在著綿密的排列意圖。

結語

　　本章將阜陽漢簡《蒼頡篇》中的文字排列分爲三種形態來探討，藉由適用依此歸納出的共同性，推定三個新的接續例。進而，在依敦煌、居延漢簡《蒼頡篇》而明白其接續的已知二例之外，再加上先前的三個新例，以此五例爲中心，從較爲宏觀的觀點來試加分析。
　　筆者將依據這樣的程序而得以釐清之點條列舉出，以做爲本章之總結。

---

　　¹⁶ 若採取如此之見解，本章第 2 節中 C033-C034 的色彩名之群組，其第 3 句開頭的「黸黮」，可以解釋爲作者爲求第 1、2 句和第 3、4 句有所連結而有意識地如此配置。

1. 阜陽漢簡《蒼頡篇》中，發現Ⅰ、Ⅱ、Ⅲ等三個形態。其中，Ⅱ被定位爲具有Ⅰ與Ⅲ之間過渡性質的形態，推定《蒼頡篇》是由從羅列式到陳述式等多種多樣之形態所構成。

2. Ⅰ因爲並無許多用例，而且主要是在篇首找到，所以在《蒼頡篇》中佔著稍微特殊的位置。由此可推定Ⅱ與Ⅲ是阜陽漢簡《蒼頡篇》的主要形態。Ⅱ是在某一個主題下，以彼此有共同性之二字群組爲中心進行敘述；相對於此，Ⅲ的特徵則是以多種領域的事物名詞爲中心而對其分門別類。由這樣的狀況來推想可以得知，Ⅱ是藉由設定某主題，以動詞、形容詞等所謂用言之用例爲中心來顯示之形態；Ⅲ則是以名詞、代名詞等體言爲中心，形成同種之部類，藉以明示各自之屬類的形態。

3. Ⅲ的部類中可窺見以二句八字爲一單位的排列意圖。又，其最末字與押韻處一致，可知押韻與排列意義上之區隔有密切的關連。這樣的情形在Ⅰ、Ⅱ之中也存在。

4. Ⅲ之部類藉由與配置在其前的部類，或與前接句之末尾產生聯想性質之關連而連結、展開。同樣的聯想性質之關連，在Ⅱ內部的相互連結、或Ⅱ與Ⅰ之間的連結中似乎也可發現。

　　阜陽漢簡《蒼頡篇》之內容與結構如上所述的性質，如實地描述出《蒼頡篇》做爲識字課本——排除重複字使其簡潔以便於朗讀誦習——的一面。但是，另一方面，因爲本章發現《蒼頡篇》之文字排列反映出訓詁功能——因多種領域事物之分類或多層次之連文結構而來，所以《蒼頡篇》也被視爲內含多種多樣爲後代訓詁字書定調的早期字書之初始要素。

　　向來，《蒼頡篇》因爲資料上的限制而未被充分地具體探討，只

是強調句式、押韻等所謂識字課本之形式，對於其特性則傾向於單方面的瞭解。但是，今後如同本章具體指出般，在含有發展爲後代字書（包括識字課本在內）之種種要素一點上，我們應該可以找出《蒼頡篇》的嶄新意義。

　　對於《漢書・藝文志》《說文・敘》中所記、西漢以古文學家爲中心而重視《蒼頡篇》之情形，藉由思考《蒼頡篇》這樣多面向的特性，我們可以提出整合性的理解。也就是說，我們有必要從上述的觀點重新檢討《蒼頡篇》在《說文》以前之字書史上的地位。

〔附記〕

阜陽漢簡《蒼頡篇》之全部圖版，其後收錄、公開於初師賓主編《中國簡牘集成》第 14 冊（敦煌文藝出版社，2005 年）中。因此，本書於第一章、第二章撰寫當時與資料公開之情形有所出入，合當先予說明。

第二部分

阜陽漢墓木牘與定州漢墓竹簡《儒家者言》研究

第三章

阜陽漢墓出土木牘章題考

——以一號、二號木牘為中心——

序言

　　1977 年從安徽省阜陽縣雙古堆一號漢墓，出土了三塊木牘與大量的竹簡。根據阜陽漢簡整理組〈阜陽漢簡簡介〉(《文物》1978 年第 8 期)，這三塊木牘之中，一號木牘近乎完整保存，二號木牘及三號木牘則已經破損；一號木牘的正、背面各分為三段，記載著「子曰:北方有獸」「孔子臨河而歎」「衛人醢子路」等許多有關孔子及其門人的章題；二號木牘以同於一號木牘的形式，記載「晉平公使叔羆聘於吳」「吳人入郢」「趙襄子飲酒五日」等關於春秋戰國時期故事的章題；三號木牘則只有單面記載著「樂論」「智遇」「頌學」等類似《荀子》而得以一窺其與儒家學派關連的簡短章題。再者，依據對陪葬品之銘文或記年之分析得知，阜陽漢墓之墓主是汝陰侯夏侯竈，又因為其卒年為漢文帝十五年（西元前 165 年），推定阜陽簡

牘之下限不超過其卒後一年。[1]

　　一號木牘章題、二號木牘章題，以及與二號木牘章題具有同種類內容的竹簡，其圖版、摹本及釋文都公布在韓自強《阜陽漢簡『周易』研究》（上海古籍出版社，2004 年）的〈附錄一　阜陽西漢汝陰侯墓一號木牘《儒家者言》章題〉與〈附錄二　阜陽西漢汝陰侯墓二號木牘《春秋事語》章題及相關竹簡〉之中。[2] 正如從其標題也可得知般，韓氏將兩塊木牘視爲各自不同之著作的章題，並且將一號木牘暫稱爲「一號木牘《儒家者言》章題」；二號木牘及具有同種類內容的竹簡，則暫稱爲「二號木牘《春秋事語》章題及相關竹簡」。根據收於〈附錄一〉的〈一號木牘《儒家者言》章題釋文考證〉，與收於〈附錄二〉的〈二號木牘《春秋事語》章題及相關竹簡釋文考證〉，將兩木牘之概要記述如下。

　　一號木牘，長二十三公分、寬五・四公分、厚〇・一公分。木牘之正面及背面各區隔爲上中下三段，章題由右而左書寫。正面爲上段七行、中段八行、下段九行；背面爲上、中段各九行、下段五行，結尾則有「右方□□字」，全部章題共有四十七條。內容大部分是記述孔子及其門人的言行，除了一些字跡模糊的章題之外，大部分在先秦及西漢時期的著作中可見，可以看出其與《說苑》《新序》《孔子家語》等傳世文獻之間具有密切的關連。

---

[1] 關於阜陽雙古堆一號漢墓之發掘狀況或阜陽漢簡，請參照安徽省文物工作隊、阜陽地區博物館、阜陽縣文化局〈西漢汝陰侯墓發掘簡報〉，《文物》1978 年第 8 期，以及阜陽漢簡整理組〈阜陽漢簡簡介〉，《文物》1983 年第 2 期。

[2] 在韓自強《阜陽漢簡《周易》研究》之前，胡平生〈阜陽雙古堆漢簡與《孔子家語》〉（《國學研究》第 7 卷，2000 年）曾引用一號木牘章題與二號木牘章題之釋文，而《書法叢刊》2003 年第 3 期（文物出版社）中也刊登出一號木牘章題之圖版、釋文。

　　二號木牘章題，將斷裂的殘片予以接合，結果發現與一號木牘章題在書風或形式上的相似性。木牘的長度爲二十三公分，寬度爲五・五公分，正面與背面各區隔爲上中下三段，章題由右而左書寫。正面的上段僅保存五行章題，中段及下段則均保存九行。背面的上段與下段因磨損而模糊不清，各自都只保存二行，中段則保存七行。此外，尚有難以接合的殘片，兩面保存著七行。二號木牘全部共有四十條章題，其中的十四章因爲殘存字極少，無法得知其出處。

　　至於一號木牘章題與二號木牘章題在資料上的意義，其與《說苑》《新序》《孔子家語》等傳世文獻之間的共同性受到注目，特別是做爲證實《孔子家語》（向來被視爲是魏代王肅之僞作）可信度的新資料而受到重視。但是，關於其文獻特性，有如前述韓自強將【一號木牘章題】與【二號木牘章題及相關竹簡】視爲完全不同著作之章題的見解，也有如後述胡平生將【一號木牘章題】與【二號木牘章題及相關竹簡】視爲同類著作之章題的見解（〈阜陽雙古堆漢簡與《孔子家語》〉，收於《國學研究》第 7 卷，北京大學出版社，2000 年）。兩種看法相互對立，尚未有定論。因而，爲了進行一號、二號木牘章題與傳世文獻之比較分析，我們首先必須充分考量兩木牘的資料特性以爲前提，但是近年的研究對於這一點卻保持曖昧不清，其論述之重點淨是偏重於破除《孔子家語》僞書說。因此，本節將透過對胡氏見解之檢討，嘗試分析一號木牘章題與二號木牘章題之文獻特性，以釐清兩者之關係。

　　在分析時必須留意之點是，一號、二號木牘章題均具有引用各章首句爲章題之形式，照這樣則難以掌握該章之內容。儘管如此，我們仍能夠探討兩者內容之原因，在於兩者之章題與《說苑》《新序》等傳世文獻之間可看出緊密的共同性。從而，在進行下面的比較時，

筆者將並列一號、二號木牘章題，與同於兩者之《說苑》《新序》等
傳世文獻之本文。[3] 再者，若是發現數篇傳世文獻有共同的內容時，
將列出與章題本文共同性較高的文獻之本文。但是，並列本文之目
的終究是在於顯示各章之整體內容，至於細部的本文之異同，並不
是此處分析之對象，此點合先說明。

第一節　胡平生〈阜陽雙古堆漢簡與《孔子家語》〉之見解與其論據

　　本節針對胡平生〈阜陽雙古堆漢簡與《孔子家語》〉之見解，試
著整理其根據，以釐清問題之所在。胡氏就【一號木牘章題】與【二
號木牘章題和暫稱爲《說類雜事》之相關竹簡】（以下依從胡氏將《說
類雜事》簡記爲《說類》簡）的關係，敘述如下：

> 我們推測劉向編撰《說苑》《新序》與孔安國編撰《家語》用
> 的是同一批材料而各有側重，一個重要的出發點是，我們把
> 阜陽雙古堆墓兩塊木牘和《說類》簡看作是同一種書，不是
> 兩種或多種書。雙古堆一號牘章題專記孔門師生言行，二號

---

[3] 本章對於一號木牘章題、二號木牘章題、《說苑》、《新序》之引用，乃根
據以下之底本。
　◆一號木牘章題：收於韓自強《阜陽漢簡『周易』研究》之〈附錄一　阜
　陽西漢汝陰侯墓一號木牘『儒家者言』章題〉的圖版、摹本、釋文（爲
　了便於比較，將重文、合文改爲通行的字體）。
　◆二號木牘章題：收於韓自強《阜陽漢簡『周易』研究》之〈附錄二　阜
　陽西漢汝陰侯墓二號木牘『春秋事語』章題及相關竹簡〉的圖版、摹本、
　釋文（爲了便於比較，將重文、合文改爲通行的字體）。
　◆《說苑》：向宗魯校証《說苑校証》（中華書局，1987 年）。
　◆《新序》：石光瑛校釋、陳新整理《新序校釋》（中華書局，2001 年）。

牘章題和《說類》簡同《說苑》《新序》等書內容可合，其中也不是完全沒有關於孔子及門弟子的言論事迹，兩牘與殘簡沒有本質的差別。從其他方面綜合考慮，兩牘與殘簡書風完全一致，字體大小、行款也相同，兩牘形制格式也一樣，都是正反兩面書寫，每面上中下寫三行。總之，應當認為兩牘與殘簡乃是同一種書，而不是兩種以上的不同的書。即不能說一號牘是《家語》的節錄或原始的本子，而二號牘和《說類》簡是《說苑》《新序》的節錄或原始的本子，它們都是《說苑》《新序》《家語》共同的原始的本子。

也就是說，胡氏認為是劉向編述的《說苑》《新序》，與胡氏推定由孔安國編述的《孔子家語》，使用的是同樣的材料，其前提為：從阜陽雙古堆漢墓出土的一號木牘章題、二號木牘章題和《說類》簡乃同一種著作，並非兩種以上的不同著作。其根據可歸納為以下兩點：

I.一號木牘章題是以孔子及其門人弟子之言行為中心，而二號木牘章題及《說類》簡之內容則與《說苑》《新序》等一致，然而其中並非完全沒有關於孔子與其門人之言行者，所以兩塊木牘與《說類》簡並沒有本質上的差異。

II.兩塊木牘章題與《說類》簡的書風完全一致，字體大小、文字行款也相同，兩塊木牘章題彼此的形式也一致。

胡氏基於這些根據，認為兩塊木牘與《說類》簡是同種類的著作，並非兩種以上的不同種類之著作；並且認為不能說一號木牘章

題是《孔子家語》的節錄本或原始底本，而二號木牘章題和《說類》簡是《說苑》《新序》之節錄本或原始底本，應該將這些全部視爲是《說苑》《新序》《孔子家語》共同的原始底本。

　　這裡筆者想先討論胡氏認爲與兩塊木牘爲同種類著作的《說類》簡問題。胡氏針對《說類》簡說明如下，並且將與傳世文獻相對應的五十五章，以引用各文獻之篇章首句的形式列舉出來。

> 關於這部分記錄春秋戰國歷史與人物故事、可與傳世的《說苑》《家語》《新序》《左傳》等書相合的殘簡，我們定名爲《說類雜事》。這些簡片，能與前述傳世的古籍文字基本相合者約50餘章，我們按習慣以今本篇章首句爲題排列，各章實際所存簡片多寡不等，或多至十幾二十字，或僅存一、二片，一片只數字，屬於《說類》的簡片數量很多，有些我們尚未能找到出處，有些因殘破過甚而不便落實，有的人名多種古籍多處篇章重見不宜確指，所以可做的工作還很多，將來肯定還有不少簡片可以同傳世的古籍對得上。我們的重點是探討這批竹簡同傳世古書的關係，現有的材料似乎已經能夠說明一些問題。以下是《說類》簡可與今本古書相合的章節。

對此，韓氏在〈二號木牘《春秋事語》章題及相關竹簡釋文考證〉之中，繼「二號木牘《春秋事語》章題」之解說後，就「相關竹簡」五十五章說明如下：

> 另在竹簡裏找到同類性質的竹簡近百條。經於《說苑》《新序》

《左傳》《國語》等今本文獻裏找到相同的內容，得二十五章，加上章題的二十八章，共得五十三章。尚餘數百條還待查找。

雖然胡氏的《說類》簡與韓氏的「相關竹簡」指的是同樣的資料，但是問題在於胡氏的五十五章中，除了韓氏的二十五章以外，還有後者中所未見的三十章，而這些竹簡的釋文或圖版、摹本尚未公開。胡氏說：「屬於《說類》的簡片數量很多，有些我們尚未能找到出處」，而韓氏也說：「尚餘數百條還待查找」，由此推測，《說類》簡與「相關竹簡」似乎在資料認定上仍殘存許多課題，尚未到達做為已確定之資料而得以進一步探討的階段。但是，《說類》簡之中並未發現內容與一號木牘章題相對應的竹簡，至少可以否定一號木牘章題相當於《說類》簡之章題的可能性。再者，如果對於二號木牘章題和《說類》簡、「相關竹簡」都具有以春秋戰國時期故事為中心的共同特性並無異議，而使一號木牘章題與二號木牘章題之間的關係得以釐清的話，基本上也可以將此關係理解為是一號木牘章題與【《說類》簡、「相關竹簡」】之間的關係。基於這樣的理由，筆者在以下的部分中，將被視為不確定因素的《說類》簡、「相關竹簡」暫且排除於分析對象之外，而以一號木牘章題與二號木牘章題之間的關係為中心試加探討。

第二節　一號木牘章題之內容

本節之探討焦點為胡氏見解的根據 I：一號木牘章題與二號木牘章題的內容並無本質上之差異。首先觀察一號木牘章題之內容。

在一號木牘章題的四十七章之中，從其與傳世文獻之對應而得

以掌握內容者，有三十七章；從章題而得以鎖定一部份登場人物者，有七章。這四十四章之中，第五章、第六章以外的四十二章，其內容都是由孔子及其弟子之言行所構成，而且四十二章之中有三十三章都有孔子出現（參照附表1）。以下舉第二十三章與第三十九章爲其具體之例。

第二十三章章題「子贛問孔子曰賜爲人下」
※《說苑·卷二·臣術》
　　子貢問孔子曰，賜爲人下，而未知所以爲人下之道也。孔子曰，爲人下者，其猶土乎。種之則五穀生焉，掘之則甘泉出焉，草木植焉，禽獸育焉，生人立焉，死人入焉，多其功而不言。爲人下者，其猶土乎。

第二十三章的內容是，子貢問孔子如何是「爲人下之道」，孔子以土爲例而解說其意義。在定州漢墓竹簡《儒家者言·二》、《荀子·堯問》、《韓詩外傳·卷七》、《孔子家語·困誓》中也見得到同樣的內容。

第三十九章章題「曾子有疾公孟問之」
※《說苑·卷十九·修文》
　　曾子有疾，孟儀往問之。曾子曰，鳥之將死，必有悲聲。君子集大辟，必有順辭。禮有三儀，知之乎。對曰，不識也。曾子曰，坐，吾語汝。君子脩禮以立志，則貪慾之心不來。君子思禮以脩身，則怠惰慢易之節不至。君子脩禮以仁義，則忿爭暴亂之辭遠。若夫置罇俎，列籩豆，此有司之事也，君子雖勿能，可也。

第三十九章的內容是，曾子臨終前對孟儀解說「立志」「修身」「仁義」等禮之三儀，在《論語・泰伯》中也有同樣的故事。

　　如此，一號木牘章題中有孔子或其弟子出現之章，其主題理所當然與儒家有關。那麼，沒有孔子或其弟子出現的第五章、第六章又是如何呢？

　　第五章章題「陽子曰事可之貧」
　　※《說苑・卷十三・權謀》
　　　楊子曰，事之可以之貧，可以之富者，其傷行者也。事之可以之生，可以之死者，其傷勇者也。僕子曰，楊子智而不知命，故其知多疑。語曰，知命者不惑。晏嬰是也。

第五章記述僕子對楊朱學說之批判。雖然對於僕子所知不多，但是我們從其「楊子智而不知命，故其知多疑」之發言，或是古語「知命者不惑，晏嬰是也」之內容可知，這是以儒家對楊朱之批判為主題。

　　第六章章題「白公勝弒其君」
　　※《新序・卷八・義勇》
　　　白公勝將弒楚惠王，王出亡。令尹司馬皆死。拔劍而屬之於屈廬，曰，子與我，將舍子。子不與我，必殺子。廬曰，子殺叔父，而求福於廬也，可乎。吾聞，知命之士，見利不動，臨死不恐。為人臣者，時生則生，時死則死，是謂人臣之禮。故上知天命，下知臣道，其有可劫乎，子胡不推之。白公勝乃內其劍。

第六章是屈廬不屈服於白公勝之脅迫而貫徹臣道的故事。在定州漢墓竹簡《儒家者言・二十》之中也見到同樣的內容。值得注意的是，在屈廬的發言中有「知命之士」「人臣之禮」「天命」「臣道」等與儒家有關的用語。而且，其「吾聞知命之士，見利不動，臨死不恐。為人臣者，時生則生，時死則死，是謂人臣之禮。故上知天命，下知臣道」之語，與《論語・憲問》「子路問成人。子曰……，今之成人者，何必然？見利思義，見危受命，久要不忘平生之言，亦可以為成人矣」相符合，若依從孔子這段話來看，屈廬正是應當成為「成人」的人物。若考慮到這一點，此故事不單是記述春秋戰國時期之典故，也具有以體現孔子之教的人物為主題之儒家特性。

如此，在孔子或其弟子未出現的第五章、第六章中，也與其他有孔子或其弟子出現之章一樣，可發現與儒家相關的主題，所以一號木牘章題具有儒書的一貫編述意圖。

第三節　二號木牘章題之內容

根據前節之分析，我們試著檢視二號木牘章題之內容。在二號木牘章題殘存的四十章之中，因與傳世文獻對應而得以把握內容的共有二十五章。其中，可見到孔子或其弟子之名者有三章，分別是第七章、第十五章與第二十六章。其他的二十二章，由春秋戰國時期的為政者（王或諸侯等）與臣子等人之問答所構成，其內容雖然各式各樣，但是幾乎所有的故事之中，都可見到臣子對於為政者之行為提出進諫或建議的共同主題與結構（參照附表2）。以下舉第十九章與第二十七章為具體之例。

第十九章章題「景公為臺臺成」

※《說苑・卷九・正諫》

> 景公為臺，臺成，又欲為鍾。晏子諫曰，君不勝欲，為臺，今復欲為鍾，是重斂於民，民必哀矣。夫斂民之哀而以為樂，不祥。景公乃止。

第十九章的內容是，對於既已造臺又想要製鐘的景公，晏子由百姓之痛苦來說明其錯誤。在《晏子春秋・內篇・諫下》也有類似的故事，所以此章是表現二號木牘章題故事之主題與結構的典型範例。

第二十七章章題「趙襄子飲酒五日」

※《新序・卷六・刺奢》

> 趙襄子飲酒五日五夜，不廢酒。謂侍者曰，我誠邦士也。夫飲酒五日五夜矣。而殊不病。優莫曰，君勉之，不及紂二日耳。紂七日七夜，今君五日。襄子懼，謂優莫曰，然則吾亡乎。優莫曰，不亡。襄子曰，不及紂二日耳，不亡何待。優莫曰，桀紂之亡也遇湯武。今天下盡桀也，而君紂也，桀紂並世，焉能相亡。然亦殆矣。

第二十七章的內容是，趙襄子自豪其酒量可以連飲五日五夜不醉，對此，優莫鼓勵並教唆他努力追上紂王七日七夜之紀錄。趙襄子害怕自己會像紂王那樣滅亡，優莫則說現今天下情勢比桀紂之時更加危傾。此故事中優莫是故意表現出贊同趙襄子之愚行來說明其錯誤，所以是以反面手法進行的進諫。

那麼，可見到孔子或其弟子之名的第七章、第十五章、第二十六章，其主題與結構又是如何呢？以下依序來試加分析。

第七章章題「□王召孔子」[4]
※《說苑・卷十七・雜言》

　　楚昭王召孔子，將使執政而封以書社七百。子西謂楚王曰，王之臣用兵有如子路者乎。使諸侯有如宰予者乎。長官五官有如子貢者乎。昔文王處酆、武王處鎬，酆鎬之間，百乘之地，伐上殺主，立為天子，世皆曰聖王。今以孔子之賢，而有書社七百里之地，而三子佐之，非楚之利也。楚王遂止。夫善惡之難分也，聖人猶見疑，而況於賢者乎。是以賢聖罕合，諂諛常興也。故有千歲之亂，而無百歲之治，孔子之見疑，豈不痛哉。

第七章的內容是，楚昭王想聘用孔子，子西認為孔子擁有子路、宰予、子貢等能幹的弟子，是給楚國帶來不利的危險人物，因而力說其非。在臣子對為政者進諫之點上，第七章有與二號木牘章題其他章共同的主題與結構。但是，即使其中可見到孔子或其弟子之名，這仍不是直接與儒家思想有關，與一號木牘章題之故事在特性上顯然有異。

---

[4] 第七章章題「□王召孔子」之首字，因磨損、文字模糊而難以釋讀。胡氏釋為「楚」，而韓氏則釋為「盨」，並說：「但細看木牘照片『王』前一字像似『盨』字，稱楚王為荊王有很多例子，稱楚王為『盨王』還沒有見到先例」。

第十五章章題「簡子有尹淖」
※《說苑・卷二・臣術》

　　簡子有臣尹綽、赦厥。簡子曰，厥愛我，諫我必不於眾人
　　中。綽也不愛我。諫我必於眾人中。尹綽曰，厥也愛君之
　　醜，而不愛君之過也。臣愛君之過，而不愛君之醜。孔子
　　曰，君子哉尹綽。面訾不面譽也。

第十五章的內容是，簡子評論尹鐸、赦厥的進諫方式，對此，尹鐸
解說自己進諫之用意。在糾正簡子介意外在形式而不理解諫言之意
一點上，第十五章具有與其他章同樣的主題與結構。此故事中並未
記述簡子對於尹鐸之言採取何種態度，卻代之以孔子對尹鐸之評語
附於結尾。因爲孔子在簡子與尹鐸問答之架構外擔任批評者的角
色，此故事之主題終究是簡子與尹鐸之問答。如此，以與登場人物
不直接相關的形式，將孔子的評語記於結尾之例，在一號木牘章題
之故事中並未發現。

第二十六章章題「魯孟獻子聘於晉」
※《新序・卷六・刺奢》

　　魯孟獻子聘於晉，韓宣子止而觴之，三徙，鍾石之懸不移
　　而具。獻子曰，富哉家。宣子曰，子之家孰與我家富。獻
　　子曰，吾家甚貧。唯有二士曰顏回、茲無靈者。使吾邦家
　　安平、百姓和協。惟此二者耳，吾盡於此矣。客出，宣子
　　曰，彼君子也，以畜賢爲富。我鄙人也，以鍾石金玉爲富。
　　孔子曰，孟獻子之富，可著於春秋。

第二十六章的內容是，韓宣子誇耀物質上的富裕，孟獻子答以自己雖然家貧，但只要有顏回、茲無靈等賢者在就已足夠，對此，韓宣子領悟到自己之愚蠢。孟獻子之言雖然不是直接對韓宣子進諫，結果卻促使韓宣子自我反省，由此點來看，這可以視爲是與其他章共同的主題與結構。雖然此章與先前的第十五章一樣，在結尾附上孔子對孟獻子之富的評語，但是其主題終究是韓宣子與孟獻子之問答。

依據本節之分析可知，二號木牘章題之中可見到孔子或其弟子之名的三章：第七章、第十五章、第二十六章，全都具有與二號木牘章題其他章共同的主題與結構，與一號木牘章題在特性上有異。[5]

以上，以前節與本節之篇幅，針對一號木牘章題與二號木牘章題之內容加以分析。其結果顯示，在一號木牘章題無孔子或其弟子

---

[5] 同樣狀況在《說類》簡、相關竹簡中也有。依據胡氏所言，《說類》簡五十五章中，可見到孔子或其弟子之名的有五章：第十三章「中行文子出行至」、第二十三章「魯人攻費曾子辭於費冉有曰」、第四十章「簡子有臣尹鐸赦厥」、第四十二章「子路鼓琴孔子聞之謂冉有曰」、第五十章「聽其言而觀其行」。其中，第十三章、第二十三章與韓氏「相關竹簡」二十五章中的第十四章、第六章相對應，並具備圖版、摹本、釋文。就這兩章來看，第十三章在《說苑·權謀》中有同樣的故事，內容是孔子聽說中行文子逃亡至邊境，為了保身而殺害嗇夫一事，因而發出評語；第二十三章在《說苑·尊賢》中有同樣的故事，記述遭魯人攻擊的鄫君與曾子之問答。這些是關於中行文子之逃亡或魯人攻鄫之歷史故事，兩者都未發現如一號木牘章題中所見的「與儒家思想之密切關連」。其次，韓氏「相關竹簡」中所無的第四十章「簡子有臣尹鐸赦厥」、第四十二章「子路鼓琴孔子聞之謂冉有曰」、第五十章「聽其言而觀其行」之中，除去本章第三節所分析、與二號木牘章題第十五章對應的第四十章，而就第四十二章與第五十章來看，胡氏在此之前所列舉的《說類》簡五十五章之章題中，第四十二章竟然變成「詩云尸鳩在桑」、第五十章則變成「宋昭公出亡至於鄙喟然嘆言」，而「子路鼓琴孔子聞之謂冉有曰」「聽其言而觀其行」這兩章則完全消失。由於在資料認定上仍有問題，這兩章目前無法成為分析之對象。但是，即使保留這兩章，《說類》簡五十五章是以春秋戰國時期之典故為中心而形成故事之點仍未動搖，所以《說類》簡與一號木牘章題為不同種類之著作一事已非常清楚。

出現之章中，與一號木牘章題其他章同樣，也發現「與儒家有關」
之主題；相反地，在二號木牘章題可見到孔子或其弟子之名的章中，
與二號木牘章題其他章同樣，也發現「對爲政者進諫」之主題與結
構。因而，對於胡氏論述之根據：一號木牘章題與二號木牘章題之
內容無本質上之差異，筆者庶難苟同，不如說在兩者之內容中可見
到明確不同的主題，兩者是編述意圖各自不同的異種類著作之章
題，這樣來看較爲合理。

第四節　書風、形式的問題

接著，針對有關書風或形式的根據Ⅱ試加探討。書風或形式上
的一致，雖然顯示書寫者或被書寫狀況的共同性，但並不一定意謂
這些是同種類之文獻。例如，馬王堆漢墓帛書《老子甲本》，與卷後
四種古佚書《五行》《九主》《明君》《德聖》，被書寫在同一份帛書
上，其書風、形式當然一致。但是，其內容卻各自不同，相對於道
家的《老子》而言，《五行》顯然屬於儒家著作，將這些全部視爲同
種類之著作有所困難。況且，木牘與帛書或竹簡不同，其形態是以
單獨使用爲前提。[6] 根據銀雀山漢墓出土的《孫子兵法》或《守法
守令等十三篇》的篇題木牘之例可知，這些木牘以繩索被繫綁在收
卷書冊之外面，扮演「題簽」之角色。[7]

木牘的這種特性，從一號木牘章題與二號木牘章題的形式也可

---

[6] 關於此點，請參照：富谷 至《木簡・竹簡の語る中国古代》（岩波書店，
2000 年）之第三章〈木簡と竹簡〉。

[7] 有關銀雀山漢墓竹簡，請參照《銀雀山漢墓竹簡（壹）》（文物出版社，
1985 年）。

以窺見。在一號木牘章題背面之第三段結尾處，可見到「右方□□
字」之文字，依據圖版、摹本可確認是「卌」字。從而，這部分是
應該記述章題之字數、章數者，而且因爲「卌」字的存在，顯示出
一個事實：此記載之作者將一號木牘章題正反面的四十七章，看做
一整個單位。另一方面，二號木牘章題雖然因爲缺損佚失而無法知
道結尾處是否有字數或章數之記載存在，但是依據圖版、摹本可知，
殘存的背面下段有毫無文字痕跡的部分，推測章題在中段或下段的
某處終結，所以二號木牘章題也可窺見其完結之狀況。從而，從形
式面也無法找出證明一號木牘章題與二號木牘章題爲同種類著作之
證據，不如說兩者之形式顯示其爲各自獨立的著作之章題。

再者，一號木牘章題與二號木牘章題爲不同種類著作之章題一
事，由其與定州漢墓竹簡《儒家者言》之關係也可獲得佐證。定州
漢墓竹簡的年代，由墓主中山懷王劉修之卒年推定，是五鳳三年（西
元前五十五年）以前的書寫作品，[8] 若暫且依據書寫年代的下限來
算定，定州漢墓竹簡《儒家者言》是比阜陽漢墓木牘章題晚約 110
年的書寫作品。一號木牘章題之中，第四、六、八、十一、十二、
十九、二十三、二十八、三十八、三十九、四十、四十三、四十四、
四十六等十四章，在《儒家者言》中也可發現同樣的內容；而在二
號木牘章題與《說類》簡之中，則未發現與《儒家者言》相同的篇
章。這種狀況顯示一號木牘章題與《儒家者言》的密切關係，同時
也暗示一號木牘章題與二號木牘章題爲不同種類著作之章題。

---

[8] 關於定州四十號漢墓竹簡，請參照〈河北定縣 40 號漢墓發掘簡報〉〈定
縣 40 號漢墓出土竹簡簡介〉，收於《文物》1981 年第 8 期。

結語

本章針對胡平生將【一號木牘章題】、【二號木牘章題和《說類》簡】視爲同種類著作之見解，以一號木牘章題與二號木牘章題爲中心加以檢討。其結果是，胡氏之根據無論在哪一號木牘章題都不能證明其見解。依據本章之檢討，一號木牘章題與二號木牘章題各自具有明顯不同的主題，兩者應視爲編述意圖各自不同的異種類著作之章題。因此，兩者這樣的關係也可以適用於《說類》簡（具有與二號木牘章題同樣的特性）與一號木牘章題之間。[9]

從而，胡氏之見解——以【一號木牘章題】、【二號木牘章題與《說類》簡】乃同種類著作爲前提，認爲《孔子家語》乃孔安國從《說苑》《新序》之共同母體中編述而成——有重新檢討之必要。胡氏將《孔子家語》中所附的〈孔安國序〉視爲孔安國親筆之作，並將其中荀卿給予秦昭王「孔子之語及諸國事、七十二弟子之言凡百餘篇」之一部分，視爲相當於一號木牘章題、二號木牘章題和《說類》簡之著作。但是，若根據本章之檢討，即使暫且不論〈孔安國序〉之可信度，還是難以將「孔子之語及諸國事、七十二弟子之言凡百餘篇」，與一號木牘章題、二號木牘章題和《說類》簡直接連結，

---

[9] 參照前揭註 5。關於二號木牘章題與《說類》簡之關係，附帶提及目前之展望，因爲二號木牘章題中發現與《說類》簡之間有對應關係者，僅止於上述的第四十章，所以二號木牘章題是《說類》簡之章題的可能性很低。的確，二號木牘章題與《說類》簡，在「均爲有關春秋戰國時期典故之故事」一點上，具有強烈的共同性。但是，一如本章第三節所言，在二號木牘章題之中，可發現共同的主題與結構——臣子對於爲政者之行爲進諫或建議；相對於此，在《說類》簡之中似乎並未發現那樣的特色，這樣的傾向也暗指二號木牘章題並非《說類》簡之章題一事。

至少無法將這一點當做〈孔安國序〉可信度之佐證。

　　一號木牘章題被證實在西漢文帝時期之前，就已經以集《孔子家語》同類著作之大成的形態存在，其原始底本之成立，也有進一步上溯至戰國時期的可能性。在筆者其他的論文中，將從此一前提出發，針對一號木牘章題與定州漢墓竹簡《儒家者言》，或與《孔子家語》《說苑》《新序》等之間的關係，重新試加探討。

附表

凡例

1. 以下二附表之文獻:【一號木牘章題】與【二號木牘章題】之釋文，引自韓自強《阜陽漢簡『周易』研究》(上海古籍出版社，2004 年)所收的〈附錄一　阜陽西漢汝陰侯墓一號木牘《儒家者言》章題〉，以及〈附錄二　阜陽西漢汝陰侯墓二號木牘《春秋事語》章題及相關竹簡〉，並將重文、合文改爲通行字體。

2. 「登場人物」欄中，爲求方便，舉出各章中直接出現、以固定名詞記載之人物。

3. 「傳世文獻」欄中，就被視爲具有與各章題對應之內容的傳世文獻，舉出其書名、篇名等。但是，這些並不涵蓋所有與各章題對應的傳世文獻。

附表 1 「一號木牘章題」一覽表

	一號木牘章題	登場人物	傳世文獻
	【 正 面 】		
1	子曰言憂則豪	孔子（內容未詳）	
2	子思曰學所以盡材	子思	《說苑・建本》
3	子曰北方有獸	孔子	《說苑・復恩》
4	孔子之匡	孔子	《說苑・雜言》《家語・困誓》

5	陽子曰事可之貧	陽子、傑子	《說苑·權謀》
6	白公勝弒其君	白公勝、屈盧	《新序·義勇》
7	中尼之楚至蔡	孔子、子路	《說苑·雜言》《家語·困誓》
8	齊景公問子贛子誰師	子貢、齊景公	《說苑·善說》
9	季康子謂子游	子游、季康子	《說苑·貴德》
10	子贛見文子言	子貢、衛將軍文子	《說苑·善說》
11	趙襄子謂中尼	孔子、趙襄子、子路	《說苑·善說》
12	孔子臨河而歎	孔子、子路	《說苑·權謀》《家語·困誓》
13	孔子將西游至宋	孔子、宋君	《說苑·政理》《家語·賢君》
14	魯哀公問孔子當今之時	孔子、魯哀公	《說苑·尊賢》《家語·賢君》
15	孔子曰丘死商益	孔子	《說苑·雜言》《家語·六本》
16	□□□□□	（內容未詳）	
17	孔子見衛靈公□歎且	孔子、衛靈公	《說苑·政理》《家語·賢君》
18	子路之上趨也	子路	
19	子路行辭中尼敢問新交取親	孔子、子路	《說苑·雜言》《家語·子路初見》

20	孔子行毋蓋	孔子	《說苑‧雜言》《家語‧致思》
21	子曰里君子不可不學	孔子、孔鯉	《說苑‧建本》《家語‧致思》
22	子曰不觀高岸	孔子	《說苑‧雜言》《家語‧困誓》
23	子贛問孔子曰賜為人下	孔子、子貢	《說苑‧臣術》《家語‧困誓》
24	子曰自季宣子賜我	孔子	《說苑‧雜言》《家語‧致思》
	【背　面】		
25	子路問孔子治國何如	孔子、子路	《說苑‧尊賢》《家語‧賢君》
26	子贛問中尼曰死□□知毋□	孔子、子貢	《說苑‧辨物》《家語‧致思》
27	子路持劍孔子問曰	孔子、子路	《說苑‧貴德》《家語‧好生》
28	孔子之楚有獻魚者	孔子	《說苑‧貴德》《家語‧致思》
29	曾子問曰□子送之	曾子（內容未詳）	
30	曾子曰鄉不辭聖	曾子	《說苑‧雜言》
31	公孟子高見顓孫子莫	曾子、公孟、顓孫	《說苑‧修文》
32	子夏問中尼曰顏淵之為人	孔子、子夏	《說苑‧雜言》《家語‧六本》
33	子曰豦為有禮矣	孔子（內容未詳）	
34	□公問萬邦子之病	（內容未詳）	
35	□□君子有三務	孔子	《家語‧三恕》《荀子‧法行》
36	□□人有死德三	（內容未詳）	

37	□山問孔子	孔子（内容未詳）	
38	孔子間處氣焉歎	孔子、子路	《說苑・尊賢》《家語・賢君》
39	曾子有疾公孟問之	曾子、公孟	《說苑・修文》《論語・泰伯》
40	楚伐陳陳西門燔	孔子、子路	《說苑・立節》《韓詩・卷一》
41	孔子見季康子	孔子、季康子、宰我	《說苑・政理》《家語・子路初見》
42	中尼日史鰌有君子之通三	孔子	《說苑・雜言》《家語・六本》
43	晏子聘於魯	孔子、子貢、晏子	《晏子・雜上》《韓詩・卷四》
44	子路行辭中尼中尼日曾女以車	孔子、子路	《說苑・雜言》《家語・子路初見》
45	衛人醢子路	子路	《家語・曲禮子夏問》《禮記・壇弓上》
46	孔子之周觀大廟	孔子	《說苑・敬慎》《家語・觀周》
47	孔子問日□□上其配上□之	孔子（内容未詳）	

附表 2　「二號木牘章題」一覽表

	二號木牘章題	登場人物	傳世文獻
	【 正　面 】		
1	□□□□□臺	（内容未詳）	

2	□□□去疾不更	（內容未詳）	
3	晉平公築施祁之臺	晉平公、師曠	《說苑‧辨物》
4	晉平公使叔鄉聘於吳	晉平公、叔嚮	《說苑‧正諫》
5	□□□□□□□有酒尚	（內容未詳）	
6	□□□臺□	（內容未詳）	
7	□王召孔子	楚昭王、子西	《說苑‧雜言》
8	吳人入郢	陳懷公、逢滑	《說苑‧善說》
9	芋尹棘闔	楚靈王、芋尹、棘闔	《國語‧吳語》
10	晉文公逐麋	晉文公、欒武子	《新序‧雜事》
11	晉文君之時翟人獻衝狐	晉文公、欒枝	《說苑‧政理》
12	韓武子田獸已取	韓武子、欒懷子	《說苑‧君道》
13	簡子春築臺	趙簡子、尹鐸	《說苑‧貴德》
14	晉文君伐衛	晉文公、公子慮	《說苑‧權謀》
15	簡子有臣尹淖	趙簡子、尹鐸、孔子	《說苑‧臣術》
16	簡子攻衛之附郭	（內容未詳）	
17	夏徵舒弒陳靈公	陳靈公、夏徵舒	《左傳‧宣十》
18	靈王會諸侯	楚靈王、叔舉、司馬侯	《新序‧善謀》
19	景公為臺臺成	景公、晏子	《說苑‧正諫》
20	陽虎為難於魯	陽虎、齊公、鮑文子	《說苑‧權謀》
21	晉韓宣子	晉韓宣子	《說苑‧辨物》

	【背面】		
22	齊景公游於海	齊景公、顏燭趨	《說苑·正諫》
23	□□陽虎	（內容未詳）	
24	衛靈公築□□	（內容未詳）	
25	魏文侯與大夫飲	魏文侯、公乘不仁	《說苑·善說》
26	魯孟獻子聘於晉	魯孟獻子、韓宣子、孔子	《新序·刺奢》
27	趙襄子飲酒五日	趙襄子、優莫	《新序·刺奢》
28	齊景公飲酒而樂	齊景公、梁丘子、晏子	《新序·刺奢》
29	晉□□□	（內容未詳）	
30	□田子方問	（內容未詳）	
31	□□□□亡	（內容未詳）	
	【殘片】		
32	楚莊王□□	（內容未詳）	
33	魏文侯與田子方語	魏文侯、田子方	《說苑·復恩》
34	或謂趙簡子	趙簡子	《說苑·君道》
35	晉平公春築臺	晉平公、叔向	《說苑·貴德》
36	衛叔孫文子	衛叔孫文子、王孫夏	《說苑·反質》
37	莊王不野	（內容未詳）	
38	楚王	（內容未詳）	
39	□臺　晉	（內容未詳）	
40	介子	（內容未詳）	

第四章

阜陽漢墓一號木牘章題與定州漢墓竹簡《儒家者言》
——與《新序》《說苑》《孔子家語》之關係

序言

　　筆者在先前〈阜陽漢墓出土木牘章題考——以一號、二號木牘為中心——〉(《中國研究集刊》第 37 号，2005 年，本書第三章) 一文中，針對胡平生〈阜陽雙古堆漢簡與《孔子家語》〉(《國學研究》第 7 卷，北京大學出版社，2000 年) 中，將自阜陽雙古堆一號漢墓出土的一號木牘章題、二號木牘章題及《說類雜事》(以下簡稱為《說類》簡)[1] 視為同種類著作之見解加以檢討，得知相對於一號木牘章題之故

---

[1] 如後所述，韓自強《阜陽漢簡『周易』研究》(上海古籍出版社，2004 年)，在〈附錄一〉〈附錄二〉中將兩木牘章題暫稱為「一號木牘《儒家者言》章題」「二號木牘《春秋事語》章題」。這雖是根據兩木牘章題與定州漢墓竹簡《儒家者言》、馬王堆漢墓帛書《春秋事語》之關連而來，但是這個名稱卻很可能使人產生「這些木牘章題是否各自正好就是《儒家者言》或《春秋事語》章題」的誤解。從而，本章只將其標記為「一號木牘章題」「二號木牘章題」。至於被指出與二號木牘章題相似的竹簡，則依從胡氏的既有作法，暫稱為《說類雜事》、簡稱為《說類》簡。

事中可看出儒家相關的共同主題，二號木牘章題之故事中則可見到
「對爲政者之諫言」的共同主題與結構，所以兩者是編述意圖各自
不同的異種類之著作章題。依據此分析結果，胡氏從一號木牘章題、
二號木牘章題及《說類》簡爲同種類著作之前提，認爲《孔子家語》
是孔安國從與《新序》《說苑》共同之母體中編述而成的見解，值得
重新商榷。因此，本章根據先前之檢討，針對一號木牘章題與定州
漢墓竹簡《儒家者言》(以下簡稱爲《儒家者言》)之關係，以及這些
出土文獻與《新序》《說苑》《孔子家語》等傳世文獻之關係試加探
討。

　　首先，記述一號木牘章題與《儒家者言》之概要。關於一號木
牘章題，與筆者前揭論文有部分重複，合先聲明。

　　一號木牘章題 1977 年自安徽省阜陽縣雙古堆一號漢墓出土。從
陪葬品之銘文或紀年等之檢討得知，墓主被視爲是汝陰侯夏侯竈，
因其卒年爲文帝十五年（西元前 165 年），推定阜陽簡牘之下限不超
過其卒後一年。一號木牘章題，與同時出土的二號木牘章題，以及
具有與二號木牘章題同種類內容的竹簡（《說類》簡），其圖版、摹
本、釋文都公布於韓自強《阜陽漢簡『周易』研究》(上海古籍出版
社，2004 年) 所收的〈附錄一　阜陽西漢汝陰侯墓一號木牘《儒家
者言》章題〉與〈附錄二　阜陽西漢汝陰侯墓二號木牘《春秋事語》
章題及相關竹簡〉中。依據〈附錄一〉所收的〈一號木牘《儒家者
言》章題釋文考證〉，一號木牘長二十三公分、寬五・四公分、厚〇・
一公分，木牘的正面與背面各分爲上中下三段，章題由右而左書寫。
正面之上段爲七行、中段爲八行、下段爲九行；背面則是上、中段
各爲九行、下段爲五行，末尾有「右方□□字」之文，全部章題有
四十七條。內容大多是記述孔子及其弟子之言行，除了若干字跡模

糊的章題外，大部分在先秦與西漢時期的著作中可見，可知其與《新序》《說苑》《孔子家語》等傳世文獻之間具有密切的關連。

　　另一方面，定州漢墓竹簡《儒家者言》，1973 年與《論語》《哀公問五義》《太公》等七種竹簡，一起自河北省定州八角廊四十號漢墓出土。這些竹簡因為盜挖時發生火災而變成散亂、炭化的塊狀物，完整的竹簡幾乎無存，保存狀態非常嚴重，而且，1976 年 7 月遭受唐山大地震，又造成部分竹簡損壞，整理作業曾暫時停滯，後經 1980 年成立的定縣漢墓竹簡整理組的努力，才完成基本的整理。《儒家者言》之書名，是定縣漢墓竹簡整理組因為其內容以孔子或孔門弟子之言行為中心而取名的，並將同整理組〈《儒家者言》釋文〉與〈定縣 40 號漢墓出土竹簡摹本（圖 8-11）〉公布於《文物》1981 年第 8 期中。〈《儒家者言》釋文〉將與《說苑》對應的第一章至第十六章，依《說苑》之篇章順序排列；與《新序》對應的第十七章至第二十章，則依《新序》之篇章順序排列；兩者中均未見的內容則歸納為第二十一章至第二十七章。依據同雜誌所刊載的何直剛〈《儒家者言》略說〉一文，殘存的二十七章之中，除去佚文四章外的二十三章，在《禮記》《大戴禮記》《晏子春秋》《荀子》《呂氏春秋》《新書》《說苑》《新序》《韓詩外傳》《孔子家語》《史記》《淮南子》等傳世文獻中均有同類的記述，其中《孔子家語》達十章、《說苑》達十六章之多，也發現主題類似《論語》之章。此外，定州八角廊四十號漢墓之墓主，依據墓葬之規模或陪葬品、竹簡之紀年等之檢討，認為是西漢中山懷王劉脩，因為其卒年為宣帝五鳳三年（西元前五十五年），推定定州漢墓竹簡為在此之前的書寫作品。[2] 從而，如果依據

---

[2] 關於定州四十號漢墓竹簡，參照河北省文物研究所〈河北定縣 40 號漢墓

　　書寫年代之下限來算定，定州漢墓竹簡《儒家者言》是比阜陽漢墓一號木牘章題晚約 110 年的書寫作品。

　　探討時應該留意的是，如上所述，一號木牘章題具有將各章之首句引用爲章題的形式，另一方面《儒家者言》因爲缺損得非常嚴重，殘存各章有些部分僅限於零星所知，照原樣難以把握其內容。不過，即使存在這樣的資料限制，兩者內容能夠進行比較分析的原因，在於兩者的許多篇章與《新序》《說苑》等傳世文獻之間有緊密的共同性。從而，在進行以下之比較時，將傳世文獻之本文與一號木牘章題、《儒家者言》並列，並以旁線標示出共同之語句。[3] 又，若同樣的內容在數種傳世文獻中可見，則列出共同性最高的傳世文獻之本文。

發掘簡報〉、定縣漢墓竹簡整理組〈定縣 40 號漢墓出土竹簡簡介〉（《文物》1981年第 8 期）。

　　[3] 本章中的引用，依據以下之底本。至於出土文字資料，為了比較上之方便，將重文、合文改為通行的符號，並將一部份之文字改為通行字體。

　・一號木牘章題……韓自強《阜陽漢簡『周易』研究》所收〈附錄一　阜陽西漢汝陰侯墓一號木牘《儒家者言》章題〉中的圖版、摹本、釋文。
　・《儒家者言》……定縣漢墓竹簡整理組〈《儒家者言》釋文〉〈定縣 40 號漢墓出土竹簡摹本（圖 8-11）〉（《文物》1981 年第 8 期）。釋文中〔　〕之部分，表示在釋文作成之後，原簡又因為 1976 年之地震而損失的部分。
　・《新序》……《四部叢刊初編子部》上海商務印書館縮印平湖葛氏傳樸堂藏明鈔本。
　・《說苑》……《四部叢刊初編子部》上海商務印書館縮印江南圖書館藏明翻宋刊本。
　・《韓詩外傳》……《四部叢刊初編經部》上海商務印書館縮印明沈氏野竹齋刻本。

第一節　一號木牘章題與《儒家者言》之關係

本節將針對一號木牘章題與《儒家者言》之關係加以考察。關於同樣的內容在一號木牘章題與《儒家者言》中均可見之點，胡平生〈阜陽雙古堆漢簡與《孔子家語》〉及韓自強〈一號木牘《儒家者言》章題釋文考證〉中已經指出。以下將兩者共同的十四章以及各自對應的傳世文獻，附上編號予以列出。

（1）一號木牘第四章〈孔子之匡〉─《儒家者言》十二─《說苑·雜言》

（2）一號木牘第六章〈白公勝弒其君〉─《儒家者言》二十一─《新序·義勇》

（3）一號木牘第八章〈齊景公問子贛子誰師〉─《儒家者言》九─《說苑·善說》

（4）一號木牘第十一章〈趙襄子謂中尼〉─《儒家者言》十一─《說苑·善說》

（5）一號木牘第十二章〈孔子臨河而歎〉─《儒家者言》十一─《說苑·權謀》

（6）一號木牘第十九章〈子路行辭中尼敢問新交取親〉─《儒家者言》十四─《說苑·雜言》

（7）一號木牘第二十三章〈子贛問孔子曰賜為人下〉─《儒家者言》二─《說苑·臣術》

（8）一號木牘第二十八章〈孔子之楚有獻魚者〉─《儒家者言》六─《說苑·貴德》

（9）一號木牘第三十八章〈孔子間處氣焉歎〉─《儒家者言》

七一《說苑・尊賢》

（10）一號木牘第三十九章〈曾子有疾公孟問之〉─《儒家者言》十六─《說苑・修文》

（11）一號木牘第四十章〈楚伐陳陳西門燔〉─《儒家者言》四─《說苑・立節》

（12）一號木牘第四十三章〈晏子聘於魯〉─《儒家者言》二十一─《韓詩》卷四

（13）一號木牘第四十四章〈子路行辭中尼中尼曰曾女以車〉─《儒家者言》十五─《說苑・雜言》

（14）一號木牘第四十六章〈孔子之周觀大廟〉─《儒家者言》八─《說苑・敬慎》

這十四章以傳世文獻爲中介進行相互比較，得知一號木牘章題與《儒家者言》之共同性。因此，以下將舉出分別與《新序》《說苑》《韓詩外傳》對應的（2）（7）（12）這三章爲其具體實例。

（2）一號木牘章題第六章

白公勝弑其君

・《儒家者言》二十

……之屈盧，曰 932……與我將舍子。子不我與將殺子。屈盧 612……乎。且吾聞 802……□臨死不怨。夫人臣□ 653……勝乃內其劍。973

・《新序・卷八・義勇》

白公勝將弑楚惠王，王出亡。令尹司馬皆死。拔劍而屬之於屈盧，曰，子與我，將舍子。子不與我，必殺子。盧曰，

子殺叔父，而求福於廬也，可乎。吾聞，知命之士，見利不動，臨死不恐。為人臣者，時生則生，時死則死，是謂人臣之禮。故上知天命，下知臣道，其有可劫乎，子胡不推之。白公勝乃內其劍。

（7）一號木牘章題第二十三章

子贛問孔子曰賜為人下

・《儒家者言》二

子贛問孔子曰，賜為人下，如不知為910……下。孔子曰，〔為人下者，其猶土乎。種〕701……〔得五谷焉，厥之得甘泉焉，草木植〕1069……禽獸伏焉，生人立焉，死人入焉，多708……□其言。為人下者，其猶土乎930

・《說苑・卷二・臣術》

子貢問孔子曰，賜為人下，而未知所以為人下之道也。孔子曰，為人下者，其猶土乎。種之則五穀生焉，掘之則甘泉出焉，草木植焉，禽獸育焉，生人立焉，死人入焉，多其功而不言。為人下者，其猶土乎。

（12）一號木牘章題第四十三章

晏子聘於魯

・《儒家者言》二十一

……〔於魯〕684……〔□□〕如趨，受玉982……臣敢不趨乎。君之641……受敝卑，臣敢642……

・《韓詩外傳》卷四

晏子聘魯，上堂則趨，授玉則跪。子貢怪之，問孔子曰，

晏子知禮乎。今者晏子來聘魯，上堂則<u>趨</u>，<u>授玉則跪</u>。何
也。孔子曰，其有方矣。待其見我，我將問焉。俄而晏子
至，孔子問之。晏子對曰，夫上堂之禮，君行一，臣行二。
今君行疾，<u>臣敢不趨乎</u>。今君之授幣也卑，<u>臣敢不跪乎</u>。
孔子曰，善，禮中又有禮。賜寡使也，何足以識禮也。詩
曰，禮儀卒度，笑語卒獲。晏子之謂也。

　　一號木牘章題與《儒家者言》中有十四篇共同章一事，說明兩
者之密切關係，但是，同時要注意之點是，一號木牘章題與《儒家
者言》之間，只出現於其中一方的篇章也有相當的數量。因此，接
著針對兩者這樣的相異點試加分析。

　　一號木牘章題全部四十七章之中，除了因磨滅而無法判讀的第
十六章之外，其餘的四十六章中，未見於《儒家者言》中的有三十
二章；另一方面，《儒家者言》殘存的二十七章之中，未見於一號木
牘章題中的有十三章。但是，這裡應留意之點是，一號木牘章題雖
然部份含有缺損，但是幾乎可以進行全面性的探討；相對於此，《儒
家者言》則因為有所缺失而難以掌握原狀，所以，只存在於一號木
牘章題而未見於現行《儒家者言》之章，在《儒家者言》的原來底
本中是否存在，不得而知。從而，要對兩者進行全面性的比較非常
困難，以下不得不偏重以只存在於《儒家者言》、而未見於一號木牘
章題之章為中心的比較分析。

　　只存在於《儒家者言》的十三章之中，第一、三、十三、二十
四、二十五、二十六等六章是孔子或弟子之故事；第二十二、二十
三章則與《禮記・祭義》《大戴禮記・曾子本孝》《大戴禮記・曾子
大孝》中的孔子或曾子之談話一致；第二十七章則與《論語・八佾》

第十七章有所關連。[4]

　　那麼，此十三章中與孔子或弟子無直接關連的第五、十七、十八、十九等四章，其內容又是如何呢？首先，將內容與《儒家者言》各章之殘存本文對應的傳世文獻，附上編號依序列出。

　　A《儒家者言》五
　　　　……桓公謂管仲曰，諸侯728……管仲對曰，〔非天子〕1088
　　　　不出境。桓公1119……今予不道2489……割燕君之所至，
　　　　如予之。諸616……
　　•《說苑·卷五·貴德》
　　　　齊桓公北伐山戎氏，其道過燕。燕君逆而出境。桓公問管
　　　　仲曰，諸侯相逆，固出境乎。管仲曰，非天子不出境。桓
　　　　公曰，然則燕君畏而失禮也。寡人不道，而使燕君失禮。
　　　　乃割燕君所至之地，以與燕君。諸侯聞之，皆朝於齊。詩
　　　　云，靖恭爾位，好是正直，神之聽之，介爾景福。此之謂
　　　　也。

　　B《儒家者言》十七
　　　　……張网者四面張，如祝之□630……□□者，四方來者，
　　　　皆麗689……予欲左者左，欲右者右，欲高者〔高〕692……
　　　　□者下。請受其犯命者，漢〔陭之□〕1048……之日，湯之
　　　　德及禽獸矣。故吾702……卅餘國來服。654

────────────

[4] 關於《儒家者言》與現存文獻在內容上的對應關係，參照定縣漢墓竹簡整理組〈《儒家者言》釋文〉（《文物》1981年第8期）。

・《新序・卷五・雜事五》

　　湯見祝網者置四面。其祝曰，從天墜者，從地出者，從四方來者，皆離吾網。湯曰，嘻盡之矣。非桀執為此。湯乃解其三面，置其一面。更教之祝曰，昔蛛蝥作網。今之人循序，欲左者左，欲右者右，欲高者高，欲下者下。吾取其犯命者，漢南之國聞之曰，湯之德及禽獸矣。四十國歸之。人置四面，未必得鳥。湯去三面，置其一面，以網四十國。非徒網鳥也。

C《儒家者言》十八

　　……〔王〕居鄗，使人治池，得人603……曰，賓之。吏曰，此毋主矣。文王曰，□709……一家之主也。〔長一國者，一國〕626……也。長天下者，天下[5]……之人聞之，□934……

・《新序・卷五・雜事五》〈周文王作靈臺〉

　　周文王作靈臺，及為池沼，掘地得死人之骨。吏以聞於文王，文王曰，更葬之。吏曰，此無主矣。文王曰，有天下者，天下之主也。有一國者，一國之主也。寡人固其主，又安求主。遂令吏以衣棺更葬之。天下聞之，皆曰，文王賢矣。澤及朽骨，又況於人乎。或得寶以危國。文王得朽骨以喻其意，而天下歸心焉。

---

[5]　此殘簡之編號在〈《儒家者言》釋文〉並未記載。

D《儒家者言》十九

　　崔予□□961……□公。劫晏子於吗上曰，子□897……我
　　將舍子。子不我與，將殺子□□□703……可之。晏子劫之
　　933……〔□其志，非惠也。□也以〕748……非義也。子
　　何不誰之。崔922予舍之。晏子936……□其僕將馳。晏子
　　曰，□之1888……安之成節661

·《新序·卷八·義勇》

　　崔杼弑莊公，令士大夫盟者皆脫劍而入，言不疾指不至血
　　者死。所殺十人。次及晏子。晏子奉栝血仰天歎曰，惡乎
　　崔子將為無道，殺其君，盟者皆視之。崔杼謂晏子曰，子
　　與我，我與子分國。子不吾與，吾將殺子。直兵將推之，
　　曲兵將句之。唯子圖之。晏子曰，嬰聞回以利而背其君者，
　　非仁也。劫以刃而失其志者，非勇也。詩曰，愷悌君子，
　　求福不回。嬰可謂不回矣。直兵推之，曲兵鉤之，嬰不之
　　回。崔子舍之。晏子趨出，授綏而垂。其僕將馳。晏子拊
　　其手曰，虎豹在山林，其命在庖廚。馳不益生，緩不益死。
　　按之成節，然後去之。詩云，彼已之子，舍命不渝。晏子
　　之謂也。

　　上述各章所出現的人物值得注目之點是，A的桓公、管仲在《論
語·憲問》第十六、十七、十八章中可見其名；B的商湯在《論語·
顏淵》第二十二章、C的文王在《論語·子罕》第五章、D的晏嬰
在《論語·公冶長》第十七章中均可見其名，而且都是孔子所尊崇

之聖王或先人。[6] 因此，只存在於《儒家者言》而未見於一號木牘章題的十三章之中，即使與孔子或弟子無直接關連的四章，在「均是孔子所尊崇的聖王或先人之言行」一點上，與儒家之間也有密切的關連，由此可以確認《儒家者言》之殘存章全部都具有與儒家相關之主題。

雖然記有孔子所尊崇之聖王或先人言行的四章，被視爲是一號木牘章題中見不到的《儒家者言》之特色，但是在理解一號木牘章題與《儒家者言》之關係上，我們應該重視之點，還是兩者之間顯著的共同特性：一號木牘章題與《儒家者言》具有彼此重複之內容，顯示兩者都是以孔子或弟子言行爲中心之儒書。由此我們進而聯想到的是劉向《別錄》佚文的記事。《別錄》雖然大半已經散佚，但是在《戰國策》《管子》《晏子》《荀子》等書中均有部分的附加記載，成爲傳達西漢時期書籍實際狀態的貴重證言。這些記事值得注意之點是，在爲了校定而從宮中或諸家收集來的書籍當中，被當成同一著作的底本在篇數上有顯著的差異，而且彼此有所重複，內容上也有所出入。例如〈管子敘錄〉[7] 中有：

> 所校讎中管子書三百八十九篇，大中大夫卜圭書二十七篇，臣富參書四十一篇，射聲校尉立書十一篇，太史書九十六篇。凡中外書五百六十四篇。以校除復重四百八十四篇，定著八十六篇，殺青而書可繕寫也。

---

[6] 《論語‧顏淵》第二十二章中所見關於商湯之記述，並非孔子所言，而是子夏被樊遲問到孔子對於「知」之質問之回答的意義時，舉出舜、湯與伊尹爲例來說明，顯示孔門中將商湯視爲聖王的共同理解。

[7] 〈管子敘錄〉之訓讀，依據嚴可均《全上古三代秦漢三國六朝文》全漢文卷 37（廣州廣雅書局刻本）。

篇數最多的是中書（秘府）所藏的三百八十九篇，最少的是射聲校尉立所藏的十一篇，劉向將所收集的內外各種底本總計五百六十四篇之中，除去重複的四百八十四篇，以八十六篇做爲定本。同樣的狀況在《晏子》《荀子》《列子》等其他的敘錄中也可見到。亦即，在當時被視爲同一著作的底本之間，篇數不同、內容有所出入一事倒是常見的情形，爲了將那些認定爲同一著作，重複部分之存在或共同的文獻特性就成了重要的指標。根據西漢當時底本流傳分布的這種實際情形，具有十四篇共同章、儒書之共同特性的一號木牘章題與《儒家者言》，非常可能被視爲同種類之著作。也就是說，兩者可具體證實不同於《論語》（以孔子或弟子之故事爲中心）的其他種類之儒書確實在西漢時期流傳分布。

第二節　《新序》《說苑》之關係

那麼，與一號木牘章題、《儒家者言》相關的儒書，與《新序》《說苑》或《孔子家語》等傳世文獻之間又有什麼樣的關係呢？本節首先針對傳世文獻中在本文上特別顯現出密切共同性的《新序》《說苑》之關係試加分析。

《新序》《說苑》與西漢末期劉向之編述有關一事，從《漢書·藝文志·諸子略·儒家》之〈劉向所序六十七篇〉所附的班固自注：「新序、說苑、世說、列女傳頌圖也」可以得知。[8] 又，《漢書·劉向傳》中有：

---

[8] 《漢書》劉向傳之訓讀，依據王先謙《漢書補注》本。

　　向睹俗彌奢淫，而趙、衛之屬起微賤，踰禮制。向以為王教
　　由內及外，自近者始。故採取詩書所載賢妃貞婦，興國顯家
　　可法則，及孽嬖亂亡者，序次為列女傳。凡八篇，以戒天子。
　　及采傳記、行事，著新序、說苑凡五十篇，奏之。

可知《新序》《說苑》是與基於「王教由內及外，自近者始」之意圖、
為警惕天子而編述的《列女傳》具有相同脈絡之著作，乃採集足為
皇帝法戒之資的「傳記、行事」而成。因與《說苑》有關而應予注
目的，還有以下的劉向〈說苑敘錄〉。[9]

　　護左都水使者光祿大夫臣向言。所校中書說苑襍事，及臣向
　　書，民間書。誣校讎，其事類眾多，章句相溷，或上下謬亂，
　　難分別次序。除去與新序復重者，其餘者淺薄不中義理，別
　　集以為百家後。令以類相從，一一條別篇目，更以造新事，
　　十萬言以上。凡二十篇，七百八十四章，號曰新苑。皆可觀。
　　臣向昧死。

　　據上所述，《說苑》是以當時既有的《說苑雜事》為基礎重編增
補而成，從「除去與新序復重者，其餘者淺薄不中義理」之記述得
知，《新序》在《說苑》編述時已經成立，與《說苑雜事》之間有所
重複。此〈說苑敘錄〉，因為與傳世的其他敘錄相較，體裁不完備而

---

　　[9]　〈說苑敘錄〉之訓讀，依據嚴可均《全上古三代秦漢三國六朝文》全漢
文卷37（廣州廣雅書局刻本）。

較爲簡略，所以有此爲後人假託一說。但是，藉由阜陽簡牘之出土，得知如《說苑雜事》——與《說苑》之間具有密切的共同性，同時與《新序》也有所重複——之著作確實存在，具體證實了〈說苑敍錄〉的可信度，所以難以籠統斷定其爲假託。於是，在以下的探討之中，筆者將探討阜陽簡牘與〈說苑敍錄〉之關係，並對《說苑》之成立過程加以考察，嘗試釐清前節所指出的一號木牘章題、《儒家者言》之相關儒書與《說苑》之關係。

　　一號木牘章題、二號木牘章題和《說類》簡，全都先於《說苑》存在，而且在內容、本文兩方面都有與《說苑》共同之章。從而，我們可以想像這些與《說苑》之核心母體——《說苑雜事》之間具有某種關連。但是，這裡成爲問題的是，【一號木牘章題】、【二號木牘章題和《說類》簡】，因爲是不同種類之著作，無法總括在一起與《說苑雜事》產生關連。於是，我們重新注意【一號木牘章題】、【二號木牘章題和《說類》簡】在內容或特性上之差異，發現很難將一號木牘章題這樣以孔子或弟子之言行爲中心的儒書，與《說苑雜事》之名稱相連結；相對於此，由春秋戰國各種各樣之典故所形成、如二號木牘章題與《說類》簡般之著作，被稱爲《說苑雜事》的可能性極高。進而應該重視之點是，二號木牘章題的故事中可見到「臣下對爲政者之行爲進諫或建議」之共同主題與結構，所以這部故事集原本具有「法戒書」之特性。又，《說類》簡雖然內容未全部公開以致難以把握全貌，但是其中也發現許多關於諫正的內容，而且從歷史典故所具有之功能來看，也同樣能夠發現「法戒書」之特性。根據這樣的狀況可知，《說苑》（採錄足爲皇帝法戒之資的「傳記、行事」而成）之特性在其核心母體《說苑雜事》中即已具備，因此，

我們可以清楚瞭解劉向以重編、增補既存的《說苑雜事》之形式來編述《說苑》的背景。

若《說苑雜事》是屬於二號木牘章題或《說類》簡這樣的典故故事集，一號木牘章題、《儒家者言》與《說苑》之關係重新成爲問題的焦點。首先應留意之點是，如上所述，在二號木牘章題和《說類》簡中，幾乎很難發現如一號木牘章題、《儒家者言》這般，以孔子或弟子之言行爲中心的儒書要素。從而，根據目前爲止的分析我們可以指出，儒家色彩在成爲《說苑》核心母體的《說苑雜事》之中，可能也較爲稀薄。

但是，《說苑》具有既存著作之故事編輯物的特性一事已成定論。例如左松超〈說苑集証自敍〉（收於《說苑集証》文史哲出版社，1973 年）一文中，舉《左氏傳》《公羊傳》《禮記》《大戴禮》《管子》《晏子春秋》《莊子》《荀子》《韓非子》《呂氏春秋》《淮南子》《賈子》《國語》《戰國策》《尚書大傳》《韓詩外傳》《史記》等，做爲《說苑》所引用之文獻，其中《晏子春秋》《荀子》《呂氏春秋》《淮南子》《戰國策》《韓詩外傳》被引用的部分特別多，並列舉出引自《晏子春秋》的三十七條爲具體之例。至於《說苑》與傳世文獻之關係，因爲未必與現行底本直接連結，所以我們必須設想到在直接引用之外，使用彼此共同之材料等各種各樣的可能性。但是，無論如何都很難將《說苑》的全部篇章視爲存在於《說苑雜事》之中。我們所能推定的是，劉向在編述《說苑》之時，對於原本具備法戒書特性的《說苑雜事》加以削除改編，同時也從其他的著作中增補了足以成爲法戒之資的篇章。〈說苑敍錄〉中「除去與新序復重者，其餘者淺薄不中義理，別集以爲百家後」之語，正是陳述這種狀況。

根據以上《說苑》之編述狀況，一號木牘章題、《儒家者言》與《說苑》共同的儒家故事，很可能採錄自不同於其核心母體《說苑雜事》之儒書。

目前爲止筆者是以《說苑》爲中心，從其與〈說苑敍錄〉之關連來進行討論，接下來則針對《說苑》與《新序》之關係試加考察。相對於份量幾近原來底本的《說苑》而言，《新序》的份量被認爲僅殘存約原來底本的三分之一，[10] 又因爲〈新序敍錄〉未能傳世，對於其整體結構或內容、編述狀況等有許多不明之處。但是，從〈說苑敍錄〉中關於《說苑》在編述之際即從《說苑雜事》中去除與《新序》重複者的記述可知，《新序》先於《說苑》存在，《說苑雜事》與《新序》之間存在一定的共同性。

《新序》與《說苑》同是劉向編述的漢代以前之故事集，具有共同之特性，向來被定位爲一系列之著作。但是，若分析其與一號木牘章題、《儒家者言》之共同章，卻發現《新序》與《說苑》之間有顯著的差異。

首先指出的是共同章之數量。將《新序》《說苑》與一號木牘章題、《儒家者言》之共同章的數量顯示出來，得出如〔表 1〕之結果。[11]

---

[10] 校定現行本《新序》的宋代曾鞏〈新序目錄序〉中有「劉向所集次新序三十篇錄一篇，隋唐之世尚爲全書。今可見者十篇而已。臣既考正其文字，因爲其序論」（《元豐類藁》卷 11），據此而知現行本《新序》的份量相當於原來底本的三分之一。

[11] 又，一號木牘章題第十二章以及《儒家者言》十一，在內容上具有與《說苑・權謀》及《魏志》劉廙傳注所引《新序》佚文兩者相對應之關係。但是，

〔表1〕《新序》《說苑》與一號木牘章題、《儒家者言》共
　　　同章之數

（一號木牘章題之＊是與《儒家者言》共同之章）

	一號木牘章題			儒家者言		
新序	1＊	孔子弟子0	孔子弟子以外1	4	孔子弟子0	孔子弟子以外4
說苑	31	孔子弟子30	孔子弟子以外1	16	孔子弟子15	孔子弟子以外1

　　雖然有我們有必要事先充分考慮到現行《新序》相當於原來底
本的三分之一，或是《儒家者言》存在許多缺失等資料上的問題，
但是在幾乎能把握其全貌的一號木牘章題之中，與《新序》共同之
章僅止於一章，而《儒家者言》中，《新序》與《說苑》各自的共同
章數量也有一定的差距。據此，我們可以想像得到，比起《新序》
而言，《說苑》與一號木牘章題、《儒家者言》之間具有更爲密切的
關係。

　　再者，若注意各共同章之登場人物，可以看出以下顯著的差異：
《說苑》大部分是孔子或其弟子，《新序》則全部是孔子或其弟子以
外的人物。《新序》與一號木牘章題共同的一章，是以楚國白公勝之
亂時貫徹臣道的屈廬之言行爲中心，如筆者前揭論文所指出，此章
是具有儒家特性（以體現孔子之教的人物爲主題）的故事。又，《新
序》與《儒家者言》共同的四章之中，除去與一號木牘章題共同的
一章，其餘的三章相當於本章第一節所討論過的B、C、D，分別記
述商湯、文王、晏嬰等孔子所尊崇的聖王或先人之言行。

比較本文，與《說苑・權謀》之間有密切的共同性，而與《新序》佚文之間則
有許多相異點，難以承認有直接關係。因此，未包含在《新序》的統計中。

至於《新序》《說苑》在其與一號木牘章題、《儒家者言》之共同章中產生如此差異之原因，我們有必要考慮各種各樣的可能性，這裡暫且以《新序》之共同章爲中心，試著假設如下兩種不同的情形。

第一種情形是，《新序》之共同章與《說苑》同樣，都是採錄自與一號木牘章題、《儒家者言》相關的儒書。此時，劉向一邊使用相同的儒書做爲編述《新序》《說苑》之材料，一邊在《新序》中刻意排除有孔子或弟子出現之章，而在《說苑》中則相反地採錄許多有孔子或弟子出現之章。

第二種情形是，《新序》之共同章與《說苑》不同，來自一號木牘章題、《儒家者言》之相關儒書以外的不同來源。此時，劉向在《說苑》的編述階段中，首度將與一號木牘章題、《儒家者言》相關的儒書用爲材料。

那麼，此二者中哪一種情形的可能性較高呢？首先，在前者的情形下會產生問題的是，無法找出劉向在編述《新序》時必須刻意排除孔子或弟子出現之章的理由。如同先前已指出，在《新序》之故事中雖然可見到多種多樣的思想傾向，其根幹仍是儒家思想，而現行的《新序》中也發現少數與孔子或弟子之言行有關的篇章。從而，前者幾乎無法成立。

相對於此，在後者的情形下，其特色除了先前所述的「與《新序》之共同章全部都是孔子或弟子以外之人物出現」之外，再加上：

（1）《儒家者言》與《新序》共同的四章之中，有三章未見於先行存在的一號木牘章題中。

（2）《儒家者言》儘管殘存的章數很少，比起一號木牘章題而

言，其中有孔子或弟子以外之人物出現的故事較爲增多。

從這兩點我們可以想像，《儒家者言》之編述過程是在以孔子或弟子
之故事爲中心的原始底本中，增補添入有其他人物出現之故事而
成。從而，一號木牘章題、《儒家者言》與《新序》在編述時也許各
自不約而同地採錄了共同的故事。

雖然這個問題還需要進一步審慎探討，但是，無論如何，透過
與一號木牘章題、《儒家者言》之比較，向來只被注意到做爲姊妹篇
之共同性的《新序》與《說苑》，其相異點因而突顯，此事值得注目。
也就是說，比起先行存在的《新序》而言，《說苑》從一號木牘章題、
《儒家者言》之相關儒書中，採錄了許多以孔子或弟子之言行爲中
心的故事，結果，在《新序》中已見雛型的典故故事集與儒家故事
集之融合，在《說苑》中以更加清楚明顯的形式進行。據筆者初步
統計，孔子出現的章數在《新序》中爲五章，在《說苑》中則高達
一百一十三章。即使考慮到在資料上有《新序》份量爲原來底本三
分之一的問題，在如此顯著的差距背後，還是存在如上所述的編述
材料之不同，這樣來看應屬合理。

以上在本節中針對一號木牘章題、《儒家者言》這兩者與《新序》
《說苑》之關係加以探討。下一節則針對其與《孔子家語》之關係
試加分析。

第三節　與《孔子家語》之關係

關於《孔子家語》，《漢書・藝文志・六藝略・論語》中有「孔
子家語二十七卷」一語，可知該著作在漢代即已存在。但是，一如

顏師古《漢書》注所說：「非今所有家語」般，現行的今本《孔子家語》十卷，與《漢書‧藝文志》所載的古本《孔子家語》不同，乃魏之王肅所著一事，長久以來已成定論。但是，藉由一號木牘章題或《儒家者言》之出土，得知內容與今本《孔子家語》對應之著作在西漢時期存在，因而近年在中國否定王肅僞作說、重新評價今本《孔子家語》之資料價值的研究逐漸興起。其中，特別值得注意的是胡平生提出的今本《孔子家語》乃孔安國編述之見解。胡氏見解之主幹在於將【一號木牘章題】、【二號木牘章題和《說類》簡】視爲同種類之著作，並認爲那是今本《孔子家語》中〈孔安國序〉所記「孔子之語及諸國事、七十二弟子之言，凡百餘篇」的一部份，是孔安國編述《孔子家語》之母體。但是，一如筆者在前揭論文中所指出般，【一號木牘章題】、【二號木牘章題和《說類》簡】是編述意圖不同的異種類之著作，所以認爲這些是〈孔安國序〉中「孔子之語及諸國事、七十二弟子之言，凡百餘篇」之一部份的見解難以成立。從而，藉由一號木牘章題、二號木牘章題與《說類》簡來支持〈孔安國序〉之可靠性、證實今本《孔子家語》爲孔安國編述一事也有所困難。

　　我們從本文方面也可以指出今本《孔子家語》之問題。一號木牘章題、《儒家者言》之大部分的本文，與今本《孔子家語》相異，而與《新序》《說苑》之間顯出密切的共同性，此事已由多位研究先進釐清。例如韓自強〈一號木牘《儒家者言》章題釋文考證〉（收於《阜陽漢簡『周易』研究》）中說：

　　　　從《儒家者言》章題和定縣炭簡內容來看，《說苑》裏保存的這些《儒家者言》的內容還是比較原始的。《孔子家語》

　　　　　和其他漢代著作所引用的內容，多有所增刪加工的痕跡，
　　　　　因此，《說苑》裏保存的原始材料，亦顯得真實寶貴。

他指出，從一號木牘章題與《儒家者言》之比較可看出《說苑》本
文是原始的，而今本《孔子家語》中則見到許多增刪加工的痕跡。
又，寧鎮疆〈由《民之父母》與定州、阜陽相關簡牘再說《家語》
的性質及成書〉(《上博館藏戰國楚竹書研究續篇》上海書店出版社，
2004 年)，對於今本《孔子家語》《說苑》與一號木牘章題、《儒家者
言》之共同章，從「(1) 今本《家語》將兩個獨立的部份拼湊、整
合到一起」「(2) 將散文改成對偶句」等兩個觀點，嘗試進行詳細的
比較分析，並指出《說苑》與一號木牘章題、《儒家者言》非常一致，
在本文或結構之所有方面都反映著原始的性質，相對地，今本《孔
子家語》的本文則發現重大的改變痕跡。[12]
　　這種本文方面的傾向也顯著表現在對孔子的稱謂上。我們整理
一號木牘章題、《儒家者言》與《說苑》、今本《孔子家語》中所見
的孔子稱謂，得出如〔表2〕之結果。

〔表 2-1〕阜陽木牘與《儒家者言》、《說苑》、今本《孔子家
　　　　　語》中孔子稱謂之比較

(阿拉伯數字為章數，"—"表示因缺損等而無法發現用例者)

阜陽木牘	儒家者言	說　　苑	孔子家語
1	子			

---

[12] 但是，寧氏立足於胡氏之說，將此差異之原因解釋為是因為《說苑》與
今本《孔子家語》使用同一材料卻用不同方式整理所致。

3	子			復恩	孔子		
4	孔子	12	孔子	雜言	孔子	困誓	孔子
7	中尼						
8	—	9	—	善說	仲尼		
9	—			貴德	仲尼		
11	中尼	10	中尼	善說	仲尼		
12	孔子	11	子	權謀	孔子	困誓	孔子
13	孔子						
14	孔子			尊賢	孔子	賢君	孔子
15	孔子			雜言	孔子	六本	孔子
17	孔子						
19	中尼	14	中尼	雜言	仲尼	子路初見	孔子
20	孔子			雜言	孔子	致思	孔子
21	子			建本	孔子	致思	孔子
22	子			雜言	孔子	困誓	孔子
23	孔子	2	孔子	臣術	孔子	困誓	孔子
24	子			雜言	孔子	致思	孔子
25	孔子			尊賢	孔子	賢君	孔子
26	中尼						
28	孔子	6	孔子	貴德	孔子	致思	孔子
32	中尼			雜言	仲尼	六本	孔子
33	子						
35	—					三恕	孔子
37	孔子						

38	孔子	7	—	尊賢	孔子	賢君	孔子
40	—	4	子	立節	孔子		
41	孔子			政理	孔子		
42	中尼			雜言	仲尼	六本	孔子
44	中尼	15	孔子	雜言	仲尼	子路初見	孔子
46	孔子						
47	孔子						

〔表 2-2〕《儒家者言》與阜陽木牘、《說苑》、今本《孔子家語》中孔子稱謂之比較

儒家者言		阜陽木牘		說　苑		孔子家語	
2	孔子	23	孔子	臣術	孔子	困誓	孔子
3	—			建本	孔子	六本	孔子
4	子	40	—	立節	孔子		
6	孔子	28	孔子	貴德	孔子	致思	孔子
7	—	38	孔子	尊賢	孔子	賢君	孔子
8	—			敬慎	孔子	觀周	孔子
9	—	8		善說	仲尼		
10	中尼	11	中尼	善說	仲尼		
11	子	12	孔子	權謀	孔子	困誓	孔子
12	孔子	4	孔子	雜言	孔子	困誓	孔子
13	—			雜言	孔子	六本	孔子
14	中尼	19	中尼	雜言	仲尼	子路初見	孔子

15	孔子	44	中尼	修文	仲尼	子路初見	孔子
25	孔子						

　　在一號木牘章題、《儒家者言》之中，孔子之稱謂有「孔子」「子」「中尼」三種，若將「子」總括爲「孔子」之略稱，《儒家者言》中「孔子（子）」有七例、「中尼」有二例；阜陽木牘中「孔子（子）」則有二十例、「中尼」有七例。將這些與《說苑》比較，一號木牘章題中對應的十九例全部一致，《儒家者言》中對應的八例則有七例一致。《儒家者言》的八例中唯一不一致之例，是《儒家者言》十五的「孔子」，在《說苑·修文》中作「仲尼」，但是在對應的一號木牘章題第四十四章中卻作「中尼」，反而與《說苑》一致，可知漢代的底本之間也有異同存在。相對於此，今本《孔子家語》中的對應之處全部都作「孔子」，未發現「仲（中）尼」之稱謂。[13]這種狀況證明《說苑》相當忠實地傳達原始資料之稱謂，相對地，今本《孔子家語》則似乎顯示出謀求一定程度之統一的企圖，從稱謂之分析也得以證實今本《孔子家語》之後代性。

　　如此，一號木牘章題、《儒家者言》與今本《孔子家語》之間，在本文方面也無法發現直接的關係，不如說一號木牘章題、《儒家者言》比起《說苑》而言，更強烈地對照出今本《孔子家語》本文上的後代性。從而，一號木牘章題、《儒家者言》即使得以用來否定今本《孔子家語》僞作說、證實其原型在漢代存在，也絕非得以用來證實今本《孔子家語》本身可上溯至漢代。

---

[13] 今本《孔子家語》全書中，除了「孔子」之外，也見到「夫子」之稱謂。

接下來筆者針對一號木牘章題、《儒家者言》與《漢書・藝文志》所載「孔子家語二十七卷」之關係試加考察。這裡受到注目的是李學勤將《儒家者言》稱爲竹簡《家語》，並將一號木牘章題、《儒家者言》視爲《孔子家語》之原型的見解。李氏指出，因爲《儒家者言》與劉向校書的時代相距不到三十年，所以《儒家者言》可能是《漢書・藝文志》所記「孔子家語二十七卷」之一部分或摘抄本。李氏還舉出《儒家者言》中可見到不少與劉向編述之《說苑》《新序》同樣的內容一事做爲佐證，認爲因爲《漢書・藝文志・六藝略・論語》所收錄的書籍之中，記述孔門師生之言行者，在《論語》以外唯有《孔子家語》，所以定州漢墓之中與《論語》一起出土的《儒家者言》可以歸入《孔子家語》，今本《孔子家語》是在竹簡本的基礎上，經過數次的增補編纂而形成。[14]

李氏此一見解因爲是在一號木牘章題公開之前所提出，對於一號木牘章題之特性或其與《儒家者言》之關係未能充分討論，對於一號木牘章題、《儒家者言》與《新序》《說苑》之關係也仍未釐清。但是，依據至前節爲止之分析可知，一號木牘章題與《儒家者言》爲同種類之儒書，其與《說苑》之共同章乃採錄自此儒書，因此李氏見解之合理性可說更爲提高。根據此見解，劉向用做《說苑》編述材料的一號木牘章題、《儒家者言》之相關儒書，很可能是《漢書・藝文志》所載的古本《孔子家語》。但是，因爲目前並沒有釐清古本《孔子家語》實際內容的直接線索，所以很難斷定此一可能性。

---

[14] 參照李學勤〈新發現簡帛與漢初學術史的若干問題〉(《煙台大學學報》哲學社會科學版，1988 年第 1 期；後再收於《李學勤學術文化隨筆》中國青年出版社，1999 年)、〈竹簡《家語》與漢魏孔氏家學〉〈八角廊漢簡儒書小議〉(《簡帛佚籍與學術史》時報文化出版企業有限公司，1994 年)

結語

　　本章釐清一號木牘章題與《儒家者言》之關係，並探討其與《新序》《說苑》或今本《孔子家語》等傳世文獻之關係。將本章所取用的文獻之關係簡示爲圖，並將探討之結果條列歸納如下：

○阜陽簡牘、《儒家者言》與傳世文獻之關係
（──：發現有本文共同性的文獻　＝：假設有所關連的文獻）

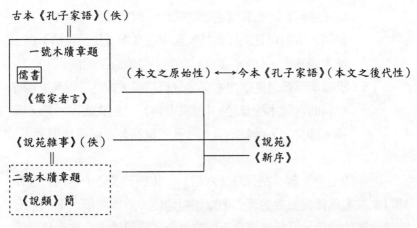

（1）一號木牘章題與《儒家者言》被視爲同種類之儒書，由一號木牘章題的書寫年代推定，其原始底本在西漢文帝時期之前成立。

（2）從其與二號木牘章題、《說類》簡之比較來看，成爲《說苑》核心母體的《說苑雜事》似是以春秋戰國時期典故爲中心的故事集，儒家色彩較爲稀薄。

（3）一號木牘章題、《儒家者言》與《新序》之共同章中，可
　　見到無孔子或弟子出現之顯著特徵，這些可能具有不同於
　　一號木牘章題、《儒家者言》之相關儒書的來源。

（4）一號木牘章題、《儒家者言》與《說苑》之共同章中，大
　　部分應該採錄自一號木牘章題、《儒家者言》之相關儒書，
　　結果，典故故事集與儒家故事集之融合，在《說苑》中以
　　比《新序》中更加清楚明顯的形式進行。

（5）比較一號木牘章題、《儒家者言》與《說苑》、今本《孔子
　　家語》對應之本文，可發現在一號木牘章題、《儒家者言》
　　與《說苑》之間有緊密的共同性，相對於此，今本《孔子
　　家語》中則可見到後代性，至少在今本《孔子家語》與一
　　號木牘章題、《儒家者言》之間未發現直接的關係。

（6）根據李學勤之見解與本章之分析結果，做爲《說苑》編述
　　材料的一號木牘章題、《儒家者言》之相關儒書，乃《漢
　　書‧藝文志》所載的古本《孔子家語》之可能性很高。

　　近年的出土文獻，在對於《六韜》《尉繚子》《晏子春秋》等長
期以來被視爲後代僞書的著作予以恢復地位、重新評價一事上，扮
演著重要的角色。至於被視爲王肅之僞作、資料性未必被充分評價
的今本《孔子家語》，也因爲一號木牘章題、《儒家者言》之出土，
證實其原型在西漢時期存在，否定了向來的僞作說。此事在《孔子
家語》研究上具有破天荒的意義。

　　但是，筆者再三強調之點是，一號木牘章題、《儒家者言》絕不
是得以證實今本《孔子家語》乃孔安國編述、其本身可上溯至漢代
一事的資料。胡平生提出的孔安國編述說，確實是值得參考的假設

之一，即使依從筆者前揭論文與本章之結論，以下的推測也可能成立——孔安國對於文帝以前即已存在的《孔子家語》原型之儒書加以整理加工，而成立今本《孔子家語》之原來底本。然而，此一可能性終究僅止於假設，對於以孔安國編述爲前提而討論今本《孔子家語》一事，吾人仍需要審慎嚴謹的態度。從一號木牘章題、《儒家者言》與今本《孔子家語》之比較而得以確認的事實是，今本《孔子家語》之本文具有後代性，但是目前難以找出能判定此後代性在何時、或經由何種過程而產生之明確根據。[15]

　　在這種情形下，我們倒應該重新加以重視的是，藉由一號木牘章題、《儒家者言》之出土，可視爲今本《孔子家語》之素材的更原始本文，以整合、不零散的狀態保存於《說苑》中。而且，依據本章之探討，這些更原始的本文可能是從與古本《孔子家語》有所關連的儒書中採錄而來。從而，今後我們有必要重新評估《說苑》在儒家思想研究上的資料價值，同時也要充分認識到，在迎接新階段的《孔子家語》研究上，《說苑》做爲比較研究之資料的重要意義。

---

[15] 因此，關於今本《孔子家語》之成立，李學勤認為與古文《尚書》《孔叢子》同樣，都是經由孔安國、孔僖、孔季彥、孔孟等孔氏學者之手而續成，經過長期編纂、改變、增補之過程而成立，此見解在目前的時間點上可說是穩當的理解（參照前揭注 14〈竹簡《家語》與漢魏孔氏家學〉一文）。

第三部分

郭店楚簡、上博楚簡研究

第五章

郭店楚簡〈語叢三〉之再探討

序言

　　郭店楚簡裡暫稱爲〈語叢〉的四篇文獻之中，〈語叢一〉〈語叢二〉〈語叢三〉這三篇，在字體、容字、編線數等諸點上與〈語叢四〉有所不同，與郭店楚簡的其他部分之間也有顯著的特殊性。而且，這三篇也是郭店楚簡中特別難以釋讀的文獻，其竹簡之接續大半不明，目前甚至連各簡整體排列的復原方法都未找出。這種釋讀上的困難，與內容上的特殊性——原簡本來就不是連續的文章體，而是以獨立的短文爲中心，其背後被假設具有多種多樣的思想內容——密切相關。因此，竹簡之排列難以導出一定的結論，近年的探討不只限於各篇內部的排列問題，也有人提出將〈語叢一〉〈語叢三〉加以整合、重新改編爲兩篇的見解。

　　根據這樣的情形，本論文以〈語叢三〉爲中心，檢討有關其區分與排列的既有研究，並嘗試提出一個成爲釋讀前提的基礎。

　　有關〈語叢三〉之區分與排列的既有研究，就筆者管見所及，

有以下三種：(《　》爲在本論文中的簡稱)[1]

①荊門市博物館編《郭店楚墓竹簡》(文物出版社，1998 年 5
　月)……《郭店》
②李零《郭店楚簡校讀記（增訂本)》(北京大學出版社，2002
　年 3 月，最早發表於《道家文化研究》第 17 輯，1999 年 8
　月)……《校讀記》
③涂宗流、劉祖信《郭店楚簡先秦儒家佚書校釋》(萬卷樓圖書
　有限公司，2001 年 2 月)……《校釋》

與郭店楚簡研究之基本資料《郭店》相較，《校讀記》在〈語叢
三〉之整體區分上與《郭店》一致，在內部的竹簡排列上則有所出
入。相對地，《校釋》是將做爲排列前提的竹簡區分加以改變。因此，
以下首先由《校釋》之檢討開始。

第一節　涂宗流、劉祖信《郭店楚簡先秦儒家佚書校釋》之檢討

涂宗流撰寫的《校釋》之前言中記述，他們依據國內外學者之
意見，特別是龐樸、廖名春、郭沂、李家浩等人之提案，將郭店楚
簡佚書十二篇分爲三組進行處理，〈語叢〉被定位爲第三組，其竹簡
區分說明如下：

---

[1]　張光裕主編《郭店楚簡研究　第一卷文字編》(藝文印書館，1999 年 1
月) 中也記載郭店楚簡之釋文，除了文字有若干出入之外，其區分、排列也都
依從《郭店》，故本論文不列為檢討之對象。

　　〈語叢〉一、二、三、四為第三組。根據龐樸先生的提示，將〈語叢〉一、三合在一起、重新拼接，然後分為上、下篇。〈語叢一、三〉上篇，存簡88枚，分為8章，以「天生百物，人為貴」為中心，擬定篇名為「天生百物」。〈語叢一、三〉下篇，存簡96枚，分8章，以「子孝父愛、非有為也」為中心，擬定篇名為「父子兄弟」。〈語叢二〉，存簡54枚，以「情生於性、禮生於情」為中心，擬定篇名為「禮生於情」。〈語叢四〉，存簡27枚，其內容主要是論述慎言、善處之理，以文中的「慎言訣行」為篇題。本書中的〈語叢〉四篇，分別為〈天生百物〉（〈語叢一、三〉上篇）、〈父子兄弟〉（〈語叢一、三〉下篇）、〈禮生於情〉（〈語叢二〉）、〈慎言訣行〉（〈語叢四〉）。

　　由這個記述可知，《校釋》將《郭店》的〈語叢一〉與〈語叢三〉加以整合而改編為上下兩篇，上篇題名為「天生百物」，下篇題名為「父子兄弟」，其根據為龐樸的見解。

　　再者，劉祖信撰寫的《校釋》之〈荊門郭店楚墓竹簡概述〉中，記載著如下之經過：劉祖信與彭浩、王傳富同為「荊門市博物館郭店楚簡整理研究小組」之成員，是負責整理郭店楚簡的研究者。特別是簡文編連工作由劉祖信、彭浩兩人從事，歷經五年的艱辛努力，最後終於完成了全部簡文的解讀、編連與校釋，經過裘錫圭的審校，由文物出版社出版為《郭店楚墓竹簡》。因此，《校釋》重新整合、改編《郭店》之〈語叢一〉與〈語叢三〉一事，若從劉祖信個人的立場來看，意味其對〈語叢一〉與〈語叢三〉之看法有所改變，這一點也要加以注意。

《校釋》〈天生百物〉一的註 1 中有：

> 龐樸先生引述清人畢沅整理〈墨經〉的故事說：「現在〈語叢
> 三〉的那些雙欄簡，有無可能也是某種〈經〉？現在語叢一、
> 二、三裡被連續著的許多簡，是否混有本該分欄旁讀的簡？」
> 同時指出「經文『生為貴』的〈說〉文，也許便是〈語叢一〉
> 第十八—二十一簡的『天生百物，人為貴……』等等」（見〈〈語
> 叢〉臆說〉《中國哲學‧第二十輯》）

可知《校釋》所根據的龐樸見解，具體所指的是〈〈語叢〉臆說〉（收
於《郭店楚簡研究‧中國哲學‧第二十輯》，遼寧教育出版社，1999
年 1 月）。這個見解指出，〈墨經〉的「讀此書旁行」，與〈語叢三〉
在簡 64（即第 64 簡，以下以阿拉伯數字表示《郭店》〈語叢三〉之
簡號）之後所見的上下雙欄旁讀形式之間有所關連，所以簡 64 之後
的九枚簡很可能是〈經〉的殘簡。再者，相對於這些〈經〉，這個見
解也提示出〈語叢一〉〈語叢三〉中相當於〈說〉的部分。但是在這
篇論文中，龐樸並沒有提到〈語叢一〉〈語叢三〉之整合與改編之點，
所以《校釋》可說是將龐樸指出的〈語叢一〉〈語叢三〉內容上之關
連，延伸到區分的問題上，以此形式來展開論述。

　　一如龐樸具體指出般，〈語叢一〉與〈語叢三〉之間確實可以窺
見內容方面的密切關連。但是，兩者在竹簡區分上有所變更一事，
在竹簡的形制方面則可以指出如下的問題。

　　比較〈語叢一〉〈語叢二〉〈語叢三〉之形制，可得出如〔表 1〕
的結果。在編線數、竹簡端、字體等三點上三者相同，但是在簡長
上〈語叢一〉〈語叢三〉兩者與〈語叢二〉之間可看出明確的差異。

〈語叢二〉比〈語叢一〉〈語叢三〉大約短了 2 公分；相對地，〈語叢一〉與〈語叢三〉的簡長之差最大不超過 0.5 公分。《校釋》在〈荊門郭店楚墓竹簡概述〉中，將〈天生百物〉〈父子兄弟〉的簡長都表示為 17.2-17.7 公分，也是將〈語叢一〉與〈語叢三〉的簡長之差，解釋為在同一篇中所容許的誤差範圍內。

〔表1〕〈語叢〉（一、二、三）之形制

（「字體」依據《校讀記》之種別）

文獻名	枚數	簡長（cm）	編線數	簡端	字體
語叢一	112	17.2—17.4	3 道	平齊	第五種
語叢二	54	15.1—15.2	3 道	平齊	第五種
語叢三	72	17.6—17.7	3 道	平齊	第五種

如此，即使在簡長上，〈語叢一〉與〈語叢三〉也難以明確區分，但是應該注意之點是，在編綴竹簡的上中下三道編線之位置上也看出差異。特別是如果以圖版來測量差異顯著的下方編線之位置時，〈語叢一〉中編線的痕跡位在離竹簡下端約 2 公分處，而〈語叢三〉中則位在距下端約 0.5 公分處。根據《郭店》的〈凡例〉，竹簡圖版之大小是原件的尺寸，即使考慮到某種程度的縮小誤差，也不得不說兩者之不同顯而易見。因此，編線位置不同的〈語叢一〉與〈語叢三〉顯然是不同的書冊。

或許，《郭店》中也認為區分〈語叢一〉與〈語叢三〉的最大根據是這個編線位置，然而，身為《郭店》整理者之一的劉祖信，對此點完全未提及，而嘗試進行〈語叢一〉與〈語叢三〉之整合與改

編，此舉不得不令人感到費解。但是，無論如何，《郭店》中〈語叢一〉與〈語叢三〉之區分，從形制方面來看毫無疑問，所以《校釋》整合兩者而重新改編爲〈天生百物〉〈父子兄弟〉兩篇之見解無法成立。

第二節　李零《郭店楚簡校讀記》（增訂本）之檢討

　　接著，將檢討焦點轉移到李零《校讀記》上。《校讀記》雖然依從《郭店》進行整體之區分，在內部的竹簡排列上卻有所不同。李零的見解中特別受到注目的，是對於〈語叢三〉（李零改題爲〈父無惡〉）之句讀符號，做出如下的說明：

> 這類句讀分三種形式，一種作小短撇（如簡 5、7、16、 51）、一種作小短橫（如簡 21-25、27、29-34、37-40、43、45、47、52、60-63）、一種作小方點（如簡 49、53、59、65-67、69、70、72）。今按這三類符號，參酌文義，重新拼連，重新分組，重新排序，然後把簡文分為十章（每章又包含若干短章）。

也就是說，李零以三種句讀符號爲指標，將〈語叢三〉之竹簡分爲三類：「（一）章號做小短撇者」、「（二）章號作小短橫者」、「（三）章號作小方點者」，並根據其異於《郭店》的獨門排列而做成釋文。

　　關於這三種句讀符號，我們當然也要考慮到其使用與排列上之區分無關而是夾雜混用的可能性，但是，

（1）在被推斷與句讀符號無關的《郭店》之接續簡中，簡9至
　　簡 16 在內容上明顯具有連貫性，其中具有句讀符號的簡
　　14、15、16，其句讀符號全部都是小短撇。

（2）形式上被推斷存在於同一場所、具有雙欄形式的簡 64 至
　　簡 72，其中具有句讀符號的簡 65、、66、67、69、70、72，
　　其句讀符號全部都是小方點。

根據這兩點，可以證實李零的見解具有一定的合理性，因此在考察
〈語叢三〉之排列時，注意句讀符號是極為重要的。

　　但是，這樣仍殘留著下述的問題：在全數七十二枚的竹簡中，
有句讀符號的竹簡有三十八枚；無句讀符號的三十四枚竹簡，則只
能從內容方面來推斷其類別，因為其大部分是短文，內容難以完全
掌握，所以產生許多的疑問。

　　於是，我們再度嘗試將分析焦點置於具有「小短撇」「小短橫」
「小方點」句讀符號的竹簡上，注意到不只是句讀符號，連「也」「之」
「者」等頻繁出現的特定字形，彼此之間也可看出差異。依據這三
個字進行各簡之比較，結果得知這三種句讀符號與「也」「之」「心」
「辵」「者」等五字（包含偏旁）的字形差異之間有對應關係。

　　筆者按照李零的分類，以「小短撇」為第一類、「小短橫」為第
二類、「小方點」為第三類，各類句讀符號與字形的對應關係整理成
表，如〔表 2〕。

〔表2〕句讀符號與字形的對應關係（「心」「辵」是偏旁）

分類	第一類	第二類	第三類
符號	小短撇	小短橫	小方點
「也」			
「之」			
「心」			
「辵」			
「者」			

　　接著，將竹簡依據字形分析來歸類，得出相當的數量，將其相互比較後得知，各類之間存有書寫風格（以下稱爲書風）上的差異：

第一類是細筆畫，文字長度較短；第二類是粗筆畫，文字長度較長；
第三類是細筆畫，文字長度較長（參照〔圖1〕）。這種書寫風格上的
差異，顯示書寫者爲不同之人，所以，我們可以得知，以句讀符號
爲指標的李零三分類與排列上之區分的對應關係，其實是起因於三
位書寫者所致。

〔圖1〕各類在書寫風格上的差異

第一類　　　　　　第二類　　　　　　第三類

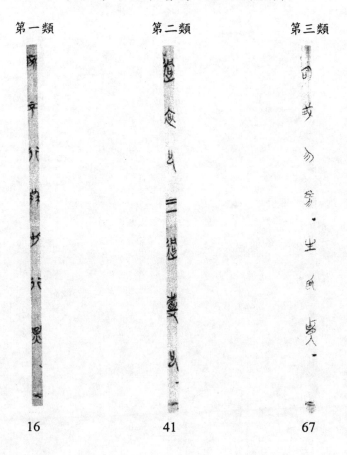

16　　　　　　　　41　　　　　　　　67

　　此處值得注意之點是，簡23、25、52等三枚竹簡，其句讀符號與字體、書風在歸類上有所矛盾（參照〔圖2〕）。這些竹簡全都具有筆者分類第二類中「小短橫」句讀符號，而其字體、書風則屬於第三類。

〔圖2〕句讀符號之歸類與字形、書風之歸類有所出入之竹簡

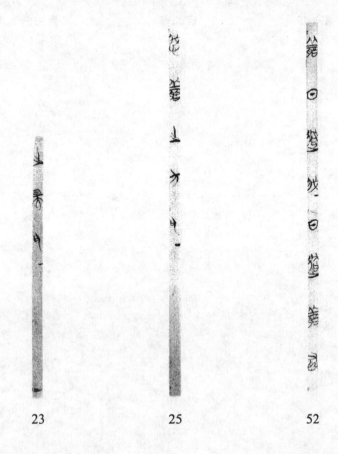

23　　　　　　　　　25　　　　　　　　　52

　　此三簡在《校讀記》之分類中，簡 23、25 這兩簡理所當然屬於
「（二）章號作小短橫者」，但是，簡 52 在「父無惡（語叢三）」之
解說部分被舉為「小短橫」之例，在「（三）章號作小方點者」中卻
又被推定與具有「小方點」之簡 53 接續，在依據句讀符號之分類上
產生矛盾。

　　〈語叢三〉中可見到的三種句讀符號之用例，若以竹簡數目來
表示，則「小短撇」有六枚簡，「小短橫」有二十三枚簡，「小方點」
有九枚簡，具有「小短橫」句讀符號的竹簡佔大多數。[2] 而句讀符號
與字體、書風有所出入的三枚簡之中，簡 25 的句讀符號比其他的「小
短橫」略顯粗大，顯示其為介於「小短橫」與「小方點」之間的過
渡性形體，單憑句讀符號難以判別屬於哪一類。而字體、書風屬於
第三類的其他兩枚簡，雖然其句讀符號明顯屬於「小短橫」，但是「小
短橫」的二十三例中，有十九例可以看出句讀符號與字體、書風之
間有明確的對應關係，所以無法單以這三例來積極地否定句讀符號
與字體、書風之間的對應關係，不如看成字體、書風之第三類中也
例外地有「小短橫」句讀符號存在，這樣或許較為合理。[3]

　　這裡要注意的是，在簡 66 的上半部發現「小短橫」、下半部發
現「小方點」，亦即在同一枚竹簡上發現不同種類之句讀符號。〈語
叢三〉之中，同一枚竹簡上有兩個句讀符號者，共有簡 65、66、67、
70、72 等五枚簡，這些全都是屬於雙欄形式。其中，除了簡 66 之外，

---

　　[2]　各句讀符號之簡數依據《校讀記》所載句讀符號別之簡號統計得出。但
是，「小短撇」在《校讀記》未指出的簡 14、15 中也可見到一事，因為已依據
圖版確認，所以加入統計中。
　　[3]　至於簡 52 之句讀符號的問題，因為此符號與其他符號不同，所以必須考
慮到其同時兼具重文符號之功能的可能性。

其他四枚簡上的兩個句讀符號都是「小方點」，只有在簡 66 發現「小短橫」「小方點」等不同種類之句讀符號。《校讀記》將簡 66 歸類爲「小方點」，對其上半部出現「小短橫」之事實則未提及，但是依據字體、書風之分析則可知其屬於第三類。從這一點可以將簡 66 視爲句讀符號「小短橫」例外地混雜在字體、書風第三類之中的具體事例。

　　以上指出，〈語叢三〉的三種句讀符號與字體之間存有對應關係，而且依據字體之分析，不僅是無句讀符號的竹簡，連具有例外句讀符號的竹簡也能夠加以正確分類。在此依照《郭店》的簡號，按各簡將《校讀記》之分類與筆者之分類做一比較，得出如〔表 3〕之結果。

〔表 3〕〈語叢三〉竹簡類別對照表

　　　　（※是與《校讀記》分類不同之竹簡，又簡 14、15 之(小短撇)爲筆者依據圖版補入者）

◎各簡之簡數（括弧內爲《校讀記》之簡數）

　第一類：二〇簡（一八簡）　　第二類：三〇簡（三九簡）

　第三類：二二簡（一五簡）

郭店	《校讀記》		福田		6	(一)		第一類
1	(一)		第一類		7	(一)	小短撇	第一類
2	(一)		第一類		8	(一)		第一類
3	(一)		第一類		9	(一)		第一類
4	(一)		第一類		10	(一)		第一類
5	(一)	小短撇	第一類		11	(一)		第一類

12	（一）		第一類	36	（二）		第二類
13	（一）		第一類	37	（二）	小短橫	第二類
14	（一）	（小短撇）	第一類	38	（二）	小短橫	第二類
15	（一）	（小短撇）	第一類	39	（二）	小短橫	第二類
16	（一）	小短撇	第一類	40	（二）	小短橫	第二類
17	（二）		※第三類	41	（二）	小短橫	第二類
18	（二）		※第三類	42	（二）		第二類
19	（二）		※第三類	43	（二）	小短橫	第二類
20	（二）		※第三類	44	（二）		第二類
21	（二）	小短橫	第二類	45	（二）	小短橫	第二類
22	（二）		※第三類	46	（二）		第二類
23	（二）	小短橫	※第三類	47	（二）	小短橫	第二類
24	（二）		※第三類	48	（三）		※第一類
25	（二）	小短橫	※第三類	49	（三）	小方點	第三類
26	（二）		第二類	50	（一）		第一類
27	（二）	小短橫	第二類	51	（一）	小短撇	第一類
28	（二）		第二類	52	（三）	小短橫	第三類
29	（二）	小短橫	第二類	53	（三）	小方點	第三類
30	（二）	小短橫	第二類	54	（三）		※第二類
31	（二）	小短橫	第二類	55	（二）		第二類
32	（二）	小短橫	第二類	56	（二）		※第三類
33	（二）	小短橫	第二類	57	（二）		※第一類
34	（二）	小短橫	第二類	58	（二）		第二類
35	（二）		第二類	59	（三）	小方點	第三類

60	（二）	小短橫	第二類
61	（二）	小短橫	第二類
62	（二）	小短橫	第二類
63	（二）	小短橫	第二類
64	（三）		第三類
65	（三）	小方點	第三類
66	（三）	小短橫 小方點	第三類

67	（三）	小方點	第三類
68	（三）		第三類
69	（三）	小方點	第三類
70	（三）	小方點	第三類
71	（三）		第三類
72	（三）	小方點	第三類

　　若將筆者對於〈語叢三〉各簡之分類與《校讀記》之分類加以比較，在全部七十二枚竹簡之中，有五十九枚簡一致，而〔表3〕中標有※符號的簡17、18、19、20、22、23、24、25、48、54、56、57等十二枚簡，則有修正之必要。再者，就釋讀上具有重要意義的竹簡之接續來看，因為接續的另一方屬於不同類而被判定接續難以成立者，《郭店》所推定的十五例之中有一例，《校讀記》則是二十例之中有六例。

　　下一節將針對在《郭店》《校讀記》中一致，卻不符合筆者之分類的唯一事例──簡48與簡49之接續問題，再度嘗試檢証筆者之分類的合理性。

第三節　〈語叢三〉第48簡與第49簡之接續問題

　　首先，顯示簡48與簡49之《郭店》釋文與圖版（參照〔圖3〕）。

　　思亡彊，思亡其，思亡約，思48亡不避（由）我者。49

在探討簡 48 與 49 之接續問題時，首先要注意的是陳偉《郭店竹書別釋》（湖北教育出版社，2003 年 1 月，最早發表於〈郭店楚簡別釋〉，《江漢考古》1998 年第 4 期）中的見解。陳偉將簡 48-49 釋爲：

> 思亡疆，思亡期，思亡邪，思 48 亡不由我者。49

指出與《詩經・魯頌・駉》各章可見的三字句「思無疆」「思無期」「思無斁」「思無邪」的關連，並說明如下：

> 與《魯頌・駉》對讀，可知簡文是摘取詩之一、二、四章中一句而成。三章中的「思無斁」則未之見。……思亡不由我者，是對所引詩句的評議，大致是說思由我出，其廣大、長久和質正，均由自己把持，似為自警之語。我，李零先生讀爲「義」。這對「無邪」是適合的，但于「無疆」「無期」卻恐有不切。

陳偉的見解對文字之釋讀提供貴重的線索，同時對於上述兩簡之接續問題也具有重要的意義。也就是說，陳偉提出新的問題——若簡 48-49 是依據《詩經・魯頌・駉》而成，那麼爲何四章之中，引用了第一、第二、第四章的三句，而第三章的「思無斁」，卻以性質截然不同的文句「思亡不由我者」來取代呢？

〔圖 3〕第 48 簡與第 49 簡

第一類　　　　　　　　　　　　第三類

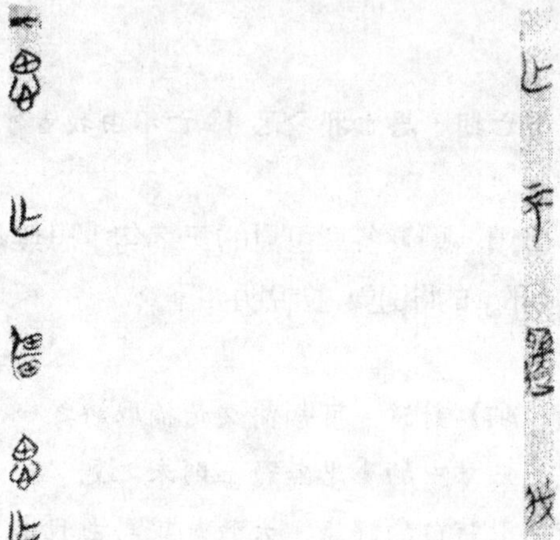

48　　　　　　　　　　　　　　49

　　比方說，如同以下之例所指出般，〈語叢三〉之簡 50-51 以及簡 64 上-65 上，與《論語》之間具有密切的關連（引用自《郭店》）。

　　・志於道，虞於德，厌於仁，50 遊於藝。51（〈語叢三〉）
　　・子曰，志於道，據於德，依於仁，游於藝（《論語・述而》）

　　・毋意、毋固、64 上　　毋我、毋必。65 上（〈語叢三〉）
　　・子絕四，毋意、毋必、毋固、毋我。（《論語・子罕》）

　　或許不能將《詩經》與《論語》這兩種不同種類的文獻單純地加以比較，但是它們都具有四句並列的共同點，若考慮到這樣的例子，我們不得不說，簡 48-49 只由四句中的三句來構成之見解還是很不自然。當然，從對簡 48-49 之接續抱持肯定論的立場來看，對於此問題也能夠有若干的解答。但是，這恐怕仍不出主觀解釋之範圍，很難說是具有客觀佐證的解答吧。

　　相對地，若是根據上一節主張簡 48 與簡 49 不接續的字體分析之結果，對此問題就能得出整合性的解答。也就是說，推斷簡 48「思亡疆，思亡期，思亡邪，思」，與開頭文字為「亡斁」的竹簡相接續，《詩經・魯頌・駉》的四句原本完備存在，但是「亡斁」簡後來佚失殘缺。至於簡 49「亡不由我者」，雖然難以充分把握，但是至少必須考慮到以這五個字形成獨立短文的可能性，以及接續在第三類竹簡（包括已經佚失殘缺之竹簡）末尾之後的可能性。

　　《郭店》中雖然並未明白記述推定簡 48 與簡 49 接續之理由，

但是簡 48 之末尾以「思」字爲終結，顯然文義繼續往下一簡發展，與開頭爲「亡」字的簡 49 相接續，則可以得出「思亡」之共同構句。對於這個接續，《校讀記》也未提出異議，而《校讀記》中李零將簡 48 歸爲「（三）章號作小方點者」之類，也是依從《郭店》的推定所致。雖然簡 48 與簡 49 之接續，以文章構句之一致做爲根據，確實是合理的推定，但是若進一步試加考察，則可以指出以下的兩個問題。

　　第一，〈語叢三〉中存在著一定數量的佚簡，所以不得不考慮在現存的竹簡之外也有接續簡存在的可能性。例如《郭店》在圖版末尾以「附　竹簡殘片」收錄了二十七件殘片，《校讀記》說：「這些殘片，從字體判斷，絕大多數都是出自〈語叢三〉或〈語叢一〉」，於是將其中的二十件歸類於「（四）可能屬於第五種字體的殘片（估計多屬於〈語叢三〉或〈語叢一〉）」之內。

　　第二，雖然簡 48 與簡 49 確實可以從文章構句之一致來設想其接續，但是這同時殘留著簡 49 是與「思亡」之構句無關的獨立短文、或是接續在其他文章之後的可能性。也就是說，簡 48 至簡 49 在文章構句上的一致，決不是證明兩簡有所接續之證據。

　　以上，本節針對簡 48-49 之接續問題加以探討，得知從其與被視爲是簡 48 引據出處之《詩經‧魯頌‧駉》之關連來看，也可證明主張簡 48 與簡 49 不接續的字體分析之結果。如果此結論並無嚴重之錯誤，筆者之分類的合理性也可說獲得一定的檢証。

結語

　　本章針對〈語叢三〉之區分與排列的相關研究成果加以檢討。其結果指出,〈語叢一〉與〈語叢三〉在編線位置上有明確的差異,顯見其本來是不同書冊,所以我們應該依從《郭店》之區分,而《校釋》中對兩者加以整合與改編之見解無法成立。再者,就排列而言,根據《校讀記》依三種句讀符號將竹簡分爲三類之見解,指出句讀符號與字體、書風之間存有對應關係,並且得知依據字形、書風之分析,即使無句讀符號之竹簡或是具有例外之句讀符號之竹簡,也能夠被正確分類。進而就簡 48 與簡 49 之接續問題,檢證筆者分類之合理性。

　　確定三類之相互順序或各類內部之竹簡排列的線索,目前無法獲得,但是將本論文所提出的筆者三分類做爲基礎,能夠將〈語叢三〉之釋讀的相關議論集中在一定的範圍之內。至於各類內部竹簡之接續與排列,今後仍有繼續嚴謹探討之必要。[4]

　　[4]〈語叢三〉根據本論文分類之釋文,參照拙著〈郭店楚簡〈語叢三〉釋文〉(《平成十二年度～平成十五年度科學研究費補助金基盤研究(B)(一)研究成果報告書課題番号 12410004　戰國楚系文字資料の研究》,研究代表者竹田健二,2004 年)

第六章

上博楚簡〈中弓〉與《論語・子路》篇

「仲弓爲季氏宰」章

序言

　　上博楚簡〈中弓〉是發表於馬承源主編《上海博物館藏戰國楚竹書（三）》（上海古籍出版社，2003 年）中的佚書，由李朝遠擔任「釋文校釋」（以下簡稱爲〈李釋〉）。根據〈李釋〉之「說明」，將書誌上的概要歸納如下（【 】內的數字是第三分冊裡〈中弓〉圖版之竹簡編號）。

　　現存的竹簡有二十八枚。其中，完整的竹簡有三枚（但是【8】是由三枚斷簡、【10】【23】則是由兩枚斷簡拼合而成），其餘的二十五枚均爲斷簡。此外，尚有附簡一枚。完整簡的全長是四十七公分左右，字數爲三十四～三十七字，編繩則有上、中、下三編。【16】的背面有被視爲篇名的「中弓」二字，所以得知這篇文獻是以「中弓」爲篇名的著作。

　　如此，因爲〈中弓〉的竹簡大部分是斷簡，不難想像整體上存在相當程度的缺損佚失。從而，完全恢復其原貌根本毫無可能，對

於其內容之把握也處於極度困難的狀況。但是，若將各個殘簡拼湊出的零碎內容加以綜合性地掌握，可以推測這似乎是由孔子與弟子仲弓之間的問答所構成，其內容全都關乎政治。而且，我們也可以窺知此篇在政治論的共同基礎上，由數個不同主題的主軸所構成。其中，特別應該注意之點是存在一批可看出與《論語‧子路》篇「仲弓爲季氏宰」章之間有密切對應的殘簡。本章即以此對應部分（以下簡稱爲「〈中弓〉：《論語》對應部分」）爲中心，嘗試進行其與《論語》之比較分析，並針對〈中弓〉故事之演變試加考察。

　　再者，關於〈中弓〉之釋文，〈李釋〉發表之後，識者以「簡帛研究」網站爲中心紛紛提出修正意見，其中，陳劍〈上博竹書《仲弓》篇新編釋文（稿）〉（2004 年 4 月 18 日，以下簡稱爲〈陳釋〉），將竹簡通篇重新檢討，在殘簡之拼合或釋讀之補正上提出許多值得依從之見解。本章所揭示的釋文，即是以〈李釋〉〈陳釋〉爲基礎，加上筆者個人見解所做成，爲了引用上之方便，盡可能使用通行的文字。

第一節　「〈中弓〉：《論語》對應部分」的復原

　　首先，顯示《論語‧子路》篇「仲弓爲季氏宰」章與已經復原的「〈中弓〉：《論語》對應部分」之原文與訓讀。

　　○《論語‧子路》篇「仲弓爲季氏宰」章
　　　仲弓為季氏宰，問政。子曰：「先有司，赦小過，舉賢才。」
　　　曰：「焉知賢才而舉之？」曰：「舉爾所知。爾所不知，人
　　　其舍諸。」

○「〈中弓〉:《論語》對應部分」(〔 〕內為缺失字)

仲弓曰:「敢問,為政何先?」【5】仲尼〔曰〕:「【28】老老慈幼,先有司,舉賢才,宥過赦罪。【7】……罪,政之始也。」仲弓曰:「若夫老老慈幼,既聞命矣。夫先有司,為之如何?」仲尼曰:「夫民安舊而重遷【8】……☒有成。是故有司不可不先也。」仲弓曰:「雍也不敏,雖有賢才,弗知舉也。敢問,舉才【9】如之何?」仲尼〔曰〕:「夫賢才不可弇也。舉爾所知。爾所不知,人其舍之諸。」仲弓曰:「宥過赦罪,則民可爰(?)【10】……〔仲尼曰〕……山有崩,川有渴,日月星辰猶差,民無不有過,賢者□☒【19】」

在復原對應部分之際,從其與整體結構之關連來看,受到注目的是以下〈李釋〉的見解(圓括弧內為引用者所加):

此簡(【8】)似緊接上簡(【7】),如此接無誤,該簡首字「辠」(罪)或為衍文。上簡所言四條,孔子認為是為政的第一要務。「若夫老老慈幼,既聞命矣」,說明仲弓對上述四條中的「老老慈幼」似已理解,本簡與下幾簡主要是仲弓向孔子諮詢後三條的主要內涵。《論語》中缺記「老老慈幼」條,或與此有關。

依從〈李釋〉的推定,【7】之簡尾與【8】之簡首接續,若將後者重複的「辠」(罪)字視為衍文,該段之本文復原如下:

　　　仲尼曰：「老老慈幼，先有司，舉賢才，宥過赦罪，政之始
　　　也。」仲弓曰：「若夫老老慈幼，既聞命矣。夫先有司，為
　　　之如何？」

若根據此文，孔子所提示的「老老慈幼」「先有司」「舉賢才」「宥過
赦罪」四條目之中，因為仲弓已經接受過「老老慈幼」之教誨，所
以兩者之問答實際上是以「先有司」以下的三條目為中心。〈李釋〉
的推定認為，先有如同〈中弓〉般孔子提示四條目之故事存在，再
將不是直接問答對象的「老老慈幼」從這四條目中刪除，成立了如
同《論語》般的三條目之故事。
　　但是，若依據其他文獻中孔子與弟子問答之形式，〈李釋〉之見
解未必能輕易依從。我們試舉與《禮記・孔子閒居》有對應關係的
上博楚簡《民之父母》為其一例。[1]

　　　子夏曰：「敢問何謂五至？」孔子曰：「五至乎，志之所至者，
　　　詩亦至焉。詩之所至者，禮亦至焉。禮之所至者，樂亦至焉。
　　　樂之所至者，哀亦至焉。哀樂相生。君子以正，此之謂五至。」
　　　子夏曰：「五至既聞之矣，敢問何謂三無？」

引用之出處是如下之場景：子夏以《詩》之「凱弟君子，民之父母」
為基礎，請教孔子：「敢問何如而可謂民之父母」。對此，孔子解說

---

[1] 引用根據馬承源主編《上海博物館藏戰國楚竹書（二）》（上海古籍出版
社，2002 年）。

其要件為「五至」與「三無」之實行。於是在針對「五至」的問答之後，子夏進一步請問「三無」。

此例因為與〈中弓〉有關而受到注目之點是，具有與〈中弓〉同樣的結構──以孔子對第一個問題之回答為基礎，進而反覆進行個別性質之問答，而且在此例中子夏接受了孔子對「五至」之問的教誨後，又提出「三無」之問時，使用「五至既聞之矣」的表現。

根據這樣的問答形式，「〈中弓〉:《論語》對應部分」裡仲弓「若夫老老慈幼，既聞命矣」之語，應該是他在接受了孔子先前「老老慈幼」的教誨之後，為了導出接下來的「先有司」之問而發的。因而，與〈李釋〉之推測不同，筆者認為【7】與【8】並未接續，其間存在記載孔子「老老慈幼」之說明的竹簡，而第8簡簡首的「辠」（罪）字並非衍文，這樣的看法較為合理。

但是，這裡要注意的是「〈中弓〉:《論語》對應部分」在「仲弓曰，若夫老老慈幼，既聞命矣。夫先有司，為之如何」之前，有「……罪，政之始也」五字之點。「政之始也」是回應開頭部分「仲弓曰，敢問，為政何先」之句，在其前的「罪」字為「宥過赦罪」之末字的可能性很高。從而，我們不妨將之理解為：孔子再度提示「老老慈幼，先有司，舉賢才，宥過赦罪，政之始也」四條目，做為回答仲弓第一個詢問之總結。也就是說，我們推測孔子以「政之始也」為結語的回答，應該也是對於最初「仲弓曰，敢問，為政何先」之詢問而發，而對於「老老慈幼」，則沒有如「先有司」以下那般個別性質之詢問。

目前為止檢討的結果得知，存在於「仲弓曰，若夫老老慈幼，既聞命矣。夫先有司，為之如何」之前的孔子之回答，兼具以下兩個要素：（1）回應「仲弓曰，敢問，為政何先」之問；（2）包含著

對於「老老慈幼」一定程度之說明。將此二者整合起來理解,則下述的可能性很高——孔子回答時提出「老老慈幼,先有司,舉賢才,宥過赦罪」四條目,同時對於位居首句的「老老慈幼」加以一定程度的說明,最後則再度提示「老老慈幼,先有司,舉賢才,宥過赦罪,政之始也」四條目做爲其回答之總結。因此,對於當時未予說明的「先有司,舉賢才,宥過赦罪」三條目,做出接著反覆詢問與回答的結構。

第二節 「〈中弓〉:《論語》對應部分」的特殊性

前一節中筆者試著復原「〈中弓〉:《論語》對應部分」,接下來針對「〈中弓〉:《論語》對應部分」(在此節中爲了便於與〈中弓〉其他部分比較,簡稱爲「《論語》對應部分」)與〈中弓〉其他部分之關係試加探討。先將竹簡分爲兩類:顯然屬於《論語》對應部分」的竹簡,與除此之外的竹簡,並相互比較,發現兩者在書寫表現上的差異。

第一是孔子稱謂之不同。〈中弓〉裡孔子之稱謂有「孔=」(孔子)與「中尼」(仲尼)兩種書寫表現,其竹簡別之分佈如下:

「孔=」……【1】【6】【11】【12】【15】【20】【26】【附簡】
「中尼」……【8】【10】【28】

在可見到「中尼」的三枚竹簡之中,除去只殘留「中尼」二字的【28】之後,剩下的【8】【10】由其內容得知屬於《論語》對應部分」,因而可以得知〈中弓〉裡在孔子之稱謂上存在《論語》對應部分」爲「中尼」、其他部分爲「孔=」的差異。

　　其次，就用字來看，孔子的發言中稱呼仲弓的第二人稱代名詞，有「女」（汝）與「而」（爾）二字，其分佈如下：

　　　「女」……【3】【5】【6】【16】【21】【26】【附簡】
　　　「而」……【10】（二例）

於是，若與先前的分析結果合併來看，兩者之間可以發現如下的稱謂、用字關係。

　　　「孔＝」　「女」　＝　其他部分
　　　　　｜　　　　｜
　　　「中尼」　「而」　＝　「《論語》對應部分」

　　關於此點還應該留意的是，在開頭為【5】之「仲弓曰，敢問，為政何先」的《論語》對應部分」之前，也見到被視為第二人稱代名詞的「女」字。

　　前節的釋文中，為了集中分析之焦點，只提示了「《論語》對應部分」，而省略了【5】在「仲弓曰，敢問，為政何先」之前的文字，這裡重新提示【5】的全體釋文，並對此問題試加考察。首先，揭示〈李釋〉。

　　　　吕行壴（矣），為之宗愳（謀）女（汝）。」中（仲）弓曰：「敢昏（問）為正（政）可（何）先？」

相對於這個〈李釋〉，〈陳釋〉將之釋為：

　　以行矣，爲之／宗愳女。"仲弓曰:"敢問爲政何先？☒

並在注（5）之中提出以下的疑點：

　　此簡由兩斷簡拼合，上段到"之"字，下段起自"宗"字。
　　但連接處「爲之宗愳女」文意不清楚，故其拼合恐尚有疑問。
　　今暫連寫，在斷處以"／"號標記。

問題的「女」字，與下段的「仲弓曰，敢問，爲政何先」位在同一
簡上，因爲〈中弓〉全篇是由孔子與仲弓之間的問答所構成，所以
此字爲孔子發言之最末語一點確實無誤。從而，〈陳釋〉所指出的拼
合問題，與這個「女」字是否被認爲是第二人稱代名詞一點有關。
　　關於這一點，首先要指出的是，【5】的上段與下段的殘簡接續
部分，其凹凸形狀相吻合，字間也幾乎相同，因此〈李釋〉的拼合
在形式面上具有一定的合理性。再者，在釋讀面上將「愳」釋讀爲
「謀」之例，在郭店楚簡中也所見多有，所以依從〈李釋〉的「爲
之宗愳（謀）女（汝）」，認爲這是孔子爲了獲得季氏或其部下之信
賴，傳授仲弓種種教誨的最後部分，這樣的理解非常有可能。
　　又，即使爲求慎重，將與「仲弓曰，敢問，爲政何先」位在同
一簡上的前面三字限定爲「宗愳女」時，在〈中弓〉全篇所見的七
例「女」字之中，除了【5】的一例之外，其餘六例全部都被用做第
二人稱代名詞「汝」之意，而且全都屬於孔子的發言。若根據此點
來判斷，【5】之一例同樣也是第二人稱代名詞「汝」的可能性極高。
　　根據以上的探討，位在「仲弓曰，敢問，爲政何先」之前的孔

子之發言，其中也可見到與其他部分同樣的「女」，與「《論語》對應部分」中的「而」在用字上有所不同，所以可以更清楚地把握「《論語》對應部分」與其他部分在書寫表現上的差異。

　　本節將竹簡分為兩類——明顯屬於「《論語》對應部分」之竹簡，以及屬於在此之外其他部分的竹簡，並予以相互比較，指出兩者之間有書寫表記上的差異。這樣的現象暗示「《論語》對應部分」是根據與其他部分不同來源的資料所形成，在考察〈中弓〉之成立過程上提供了一個線索。

第三節　《論語》與「〈中弓〉：《論語》對應部分」的比較

　　根據至前節為止的分析，本節將嘗試進行《論語》與「〈中弓〉：《論語》對應部分」的比較。（兩者之對應關係請參照〔附表〕）。

〔附表〕

《論語‧子路》	「〈中弓〉：《論語》對應部分」
仲弓為季氏宰，問政。	仲弓曰，敢問，為政何先。
子曰，先有司，赦小過，舉賢才。	仲尼曰，老老慈幼，先有司，舉賢才，宥過赦罪。…… ……罪，政之始也。 仲弓曰，若夫老老慈幼，既聞命矣。夫先有司，為之如何。 仲尼曰，夫民安舊而重遷……有成。是故有司不可不先也。
曰，焉知賢才而舉之。	仲弓曰，雍也不敏，雖有賢才，

	弗知舉也。敢問,舉才如之何。
曰,舉爾所知,爾所不知,人其舍諸。	仲尼曰,夫賢才不可奔也。舉爾所知。爾所不知,人其舍之諸。仲弓曰,宥過赦罪,則民可爰(?)⋯⋯〔仲尼曰〕⋯⋯山有崩,川有渴,日月星辰猶差,民無不有過,賢者□⋯⋯

　　兩者最大的不同是,相對於《論語》的「先有司,赦小過,舉賢才」三條目,〈中弓〉裡提示「老老慈幼,先有司,舉賢才,宥過赦罪」四條目,並將《論語》中所無的「老老慈幼」置於開頭位置。這個差異並不限於與《論語》之關係,在瞭解〈中弓〉之特性上也具有重要的意義,因此下面以這個問題為中心試加考察。

　　首先,做為考察之前提而須事先掌握的,是《論語‧子路》篇「仲弓為季氏宰」章與「〈中弓〉:《論語》對應部分」的前後關係。[2] 關於現行本《論語》之成立,原本就有必要設想到複雜的過程,因此不可能在這裡釐清現行本《論語》與〈中弓〉的直接關係。但

---

　　[2] 現在被確認為最早的《論語》,是 1973 年從河北省定州八角廊 40 號漢墓出土的定州漢墓竹簡《論語》,從墓主劉修的卒年來推定,是在宣帝五鳳三年(西元前五十五年)以前書寫的作品。殘存的字數約為現行本之半,若撇除通用字或助字之有無等細部的異同,基本上與現行本之本文一致。〈子路‧仲弓為季氏宰〉之殘存狀況如下(《定州漢墓竹簡　論語》文物出版社,1997 年):「⋯⋯為季氏□,問正。子 322⋯⋯焉知賢財而舉之,曰,舉豐所知,豐所不知,人其舍□323 」。這樣的狀況顯示出與現行本《論語》對應的《論語》底本在西漢時期流佈一事,推測其成立要上溯至戰國時期。

是，即使不談現行本《論語》的成立問題，以極爲粗略的條理來看，省略〈中弓〉那樣以一問一答來提倡學說、其內容與結構繁複多雜的故事，而形成內容與結構如《論語》那樣簡單樸素的故事，如此的衍生發展令人難以想像。相反地，將如《論語》般的簡要故事複雜化、詳細化，以成立如〈中弓〉般的繁複故事，這樣的推測卻非常有可能。

因此，我們注意到《管子‧入國》中如下的記述。

> 行九惠之教。一曰，老老。二曰，慈幼。三曰，恤孤。四曰，養疾。五曰，合獨。六曰，問病。七曰，通窮。八曰，振困。九曰，接絕。

這是君主奠定國都而進入其領地之時，立即對人民揭示最初應該施行的九項福利政策（「九惠之教」），將「老老」定位於其第一項、「慈幼」定位於第二項。「九惠之教」爲「老老」「慈幼」「恤孤」「養疾」「合獨」「問病」「通窮」「振困」「接絕」，全部都是由同樣的二字構句所形成，相互之間具有緊密的關連。又，類似之語在《孟子‧告子下》葵丘之會的盟約第三條中也可見到：

> 三命曰，敬老慈幼，無忘賓旅。

說明這句話具有相當古遠的來歷。根據這樣的情況，可以窺知「老老慈幼」原本是政策項目之用語。

對此，因爲「老老慈幼」與「先有司，舉賢才，宥過赦罪」三條目之間難以認定有緊密的關係，所以下述的可能性很高──〈中

弓）故事之原型是如《論語》那樣的結構，而「老老慈幼」是後來才附加上去的。[3]

那麼，為何一定要將「老老慈幼」附加上去呢？與此相關而受到注意的是對應部分中孔子如下的發言：

（1）仲尼曰，夫民安舊而重遷……有成。是故有司不可不先也。

（2）仲弓曰，宥過赦罪，則民可爻（？）……〔仲尼曰〕……
山有崩，川有渴，日月星辰猶差，民無不有過，賢者□……

雖然兩者都含有缺損而具有難以把握的部分，但是其所陳述的內容是：（1）為了統治、教化人民，首先要讓官員率先去從事；（2）因為誰都會有過錯，所以對於人民之過失要寬容對處。而且從（2）仲弓之發言可知，仲弓本人已經將「宥過赦罪」之對象為「民」一事做為前提，因而這一連串的問答顯然是以民之統治、教化為主題。

但是，若將注意的焦點轉移到《論語》的注釋書上，就會發現向來對於〈子路・仲弓為季氏宰〉的解釋，大多與〈中弓〉裡孔子的言談在意涵上有相當的出入。這裡暫且從具有代表性的注釋書中，嘗試引用何晏《論語集解》與朱熹《論語集注》裡有關「先有司」之部分。

王肅曰，言為政當先任有司，而後責其事。（《論語集解》）

---

[3]　若依從此點，《論語》與〈中弓〉裡所見的「赦小過」與「舉賢才」之順序替換，或是「赦小過」與「宥過赦罪」之文字異同，也可解釋為是為了開頭附加「老老慈幼」而做的調整。

有司，眾職也。宰兼眾職。然事必先之於彼，而後考其成功，
則己不勞而事畢舉矣。(《論語集注》)

　　《集解》所引的王肅注，將「先有司」之意義解釋為：施行政
治時首先應該要委任官吏，而後責成其努力；同樣地《集注》也將
之解釋為：宰因為位居統理眾多官職之立場，必須先令官員試著去
做，而後考量其成果。從而，若依據這些，接在「先有司」之後的
「赦小過」「舉賢才」，就被定位為是統率百官之宰對於官吏們所應
該採取的對策。

　　如此，相對於以民之統治、教化為主題的〈中弓〉，歷來的解釋
大部分都將《論語》的主題視為是宰的實際對策，但是這裡不得不
承認的一點是，對《論語》之原義加以客觀考察有所困難。但是，
即使不問與原義之間的關係，至少先前所見的兩個解釋之並存，顯
示以《論語》那樣的內容與結構，無法清楚地表現出〈中弓〉的核
心主題──民之統治、教化。

　　根據目前為止的分析，「老老慈幼」被附加於四條目之開頭的理
由，很可能如以下之推測。亦即，藉由將「老老慈幼」附加於開頭，
規定出其後三條目之特性，試圖明確地顯示其下所展開的問答主題
為「民之統治、教化」。因而，藉由與仲弓之間的一問一答，孔子親
自對「先有司」以下各條目之意義內容進行淺顯的解說，這樣在結
構上的改變，恐怕也是同一系列的作業吧。

　　那麼，〈中弓〉為什麼必須特地加上此一變更，以求「民之統治、
教化」主題的明確化呢？下一節將針對這個問題，試著從整體性的
觀點來加以考察。

第四節　〈中弓〉之編述意圖

　　一如前面已經重覆陳述過般，〈中弓〉殘存的二十八枚竹簡之中，有二十五枚爲殘簡，因爲大部分的排列順序不明，要把握其整體結構有所困難。這裡將以下的部分當做一個線索來討論。

> 季桓子，使仲弓爲宰。仲弓以告孔子曰，季氏☒【1】☒使雍也從於宰夫之後。雍也童【4】愚恐貽吾子羞。願因吾子而治。孔子曰，雍，〔汝〕☒【26】。[4]

　　這個部分的內容是仲弓成爲季桓子之宰後，向孔子尋求政治建議，可以認定它具有設定其後一連串問答之場景的功能。【1】之竹簡上端完整保存，由其內容來看是〈中弓〉之開頭簡的可能性極高。

　　這個部分正好形成前面所探討的、將《論語‧子路》篇「仲弓爲季氏宰」章開頭「仲弓爲季氏宰，問政」予以複雜化、詳細化之形式，並且採取遠比《論語》更細緻周到的表現方式。仲弓「願因吾子而治」之言，明白說出仲弓做爲季氏宰的施政，是承接孔子之想法而加以實踐的政治；換個角度來看，也可以說做爲季氏宰的仲弓發揮引出孔子有關政治之言論的功能。若將〈中弓〉之開頭部分做如此理解，推測在此之後所展開的孔子與仲弓之問答具有政治論的特性。

　　從這樣的觀點試著分析〈中弓〉之殘簡，注意到「《論語》對應

---

[4]　【4】【26】之拼合依從李銳〈清華大學簡帛講讀班第 32 次研討會綜述〉（「孔子 2000」網站，2004 年 4 月 15 日）中所見的李學勤之見解。因爲【4】由其內容推定是【1】仲弓發言之後續，所以依從筆者個人見解試行拼合。

部分」中有關「民之統治、教化」的言論，在其他的殘簡中也發現不少。若將「《論語》對應部分」以外有「民」字的竹簡，與拼合部分一併列出，其結果如下：

A ☑仲弓曰，敢【27】問民務。孔子曰，善哉，問乎足以教矣。
　君☑【15】⁵

B ☑刑政不緩，德教不倦。仲弓曰，若此三【17】者，既聞命
　矣。敢問，道民興德如何。孔子曰，申之☑【11】☑服之，
　緩施（？）而遜力之。唯有孝（？）德，其【13】⁶

C ☑上下相報以忠，則民歡承教，害□者不☑【22】

A 的仲弓之問是關於民之要務，對此，孔子稱讚這是具有教育意義的好問題。B 的仲弓之問則是有關導民興德的方法，孔子之回答雖然因為缺損而難以把握，卻顯示其與 A 同樣都認識到民之統治是〈中弓〉裡的重要課題。又，在被視為是孔子發言之一部份的 C 中，雖然前後文意脈絡不明，卻能夠看出「忠」之實踐是與民之教化相結合的言論。如此可以明白，「民之統治、教化」的主題，不只是「《論語》對應部分」，也是〈中弓〉全篇的中心主題之一。⁷

---

　⁵ 【27】【15】之拼合依從〈陳釋〉。
　⁶ 【17】【11】【13】之拼合依從〈陳釋〉。但是〈陳釋〉將【11】與【13】直接連接，若以【11】為上段、【13】為下段來復原全簡時，字數為三十字，比一簡三十四～三十七字的容字數略少，所以有必要假設在【11】與【13】之間還有幾個字缺損佚失。
　⁷ 〈中弓〉裡除此之外還可見到孔子主張「祭」「喪」「行」之重要性的發

　　根據這樣的狀況可以想到,〈中弓〉對於《論語》那樣的三條目之故事加以改變,而明示其主題為「民之統治、教化」的理由,是為了強化〈中弓〉整體做為政治論的統一性。

　　〈中弓〉的結構——對於成為魯國掌權大夫季桓子之宰的仲弓,孔子給予政治上的建議——顯示出「孔子經由仲弓而參與季氏、甚至是魯國國政」的構圖。因此,這是將孔子——原本想要親自參與國政、實施理想統治卻失敗以終——之心願,用與仲弓之問答的形式加以實現。這種故事的創造、生產,不妨視為是孔子後學們為了提高孔子之權威、引導儒家興盛發展而編出的手段之一。

　　「《論語》對應部分」在哪個階段轉變為內容與構造如〈中弓〉般的故事呢?這雖然是需要慎重探討的問題,但是從上述的主題之共同性來推測,在〈中弓〉編述之際的可能性很高。而且,若注意到第二節中所指出的書寫表現上之差異,可以推測上博楚簡〈中弓〉的書寫時期,離「《論語》對應部分」之編入並非相隔久遠,可能是在因傳抄轉寫而產生模稜兩可之書寫表現以前吧。

言(【6】【23B】【23A】),或仲弓對「今之君子」的批判(【20】【25】)等,可以窺見其整體上的統治論之特性。對於「今之君子」的批判,例如《禮記・哀公問》中有:

> 孔子曰,丘聞之。……昔之君子之行禮者如此。公曰,今之君子胡莫之行也。孔子曰,今之君子,好實無厭,淫德不倦,荒怠敖慢,固民是盡,午其眾以伐有道,求得當欲不以其所。昔之用民者由前,今之用民者由後。今之君子莫為禮也。

又,同樣在〈哀公問〉中也可找到「公曰,敢問何謂為政。孔子對曰,政者,正也」,或「孔子遂言曰,昔三代明王之政,必敬其妻子也有道」等類似〈中弓〉之【附簡】或【18】的表現。

這樣的狀況恐怕與〈中弓〉所具有的統治論之特性不無關係,而核心主題則是「民之統治、教化」。

結語

　　本章針對上博楚簡〈中弓〉，以「《論語》對應部分」為中心加以探討。最後，就今後的研究展望做一整理歸納。

　　目前為止公開的上博楚簡之中，由孔子與弟子之問答所構成的文獻，除了〈中弓〉以外，還有〈民之父母〉〈子羔〉〈魯邦大旱〉。又，《上海博物館藏戰國楚竹書（四）》所收錄的〈相邦之道〉中，也與〈魯邦大旱〉同樣，有孔子與子貢之問答。所以，預定公開的〈顏淵〉〈子路〉，從其篇名來推測，是他們與孔子之問答的可能性也很高。藉由這種佚書的發現，下述的狀況漸漸明朗——目前為止不為人知的孔子與弟子之問答，在戰國時期大量存在，並且按照各個弟子之別、即所謂的個集之形式加以編纂。而且，我們推測那些文獻具有符合各個弟子之身份或個性的內容與特性，整體而言形成了多種多樣的故事群。其原型之一恐怕是與現行本《論語》有關的原始故事。

　　《韓非子‧顯學》中有「世之顯學，儒、墨也」一語，記述孔子死後有力弟子們分為八派而儒家興盛之事。上博楚簡中所見的孔門弟子問答集之編纂，恐怕與這樣的儒家之分派、興盛有密切的關連。本章針對〈中弓〉故事之演變加以考察，試圖透過對故事之解析，以釐清戰國時期儒家思想之變遷，乃此種嘗試之一環。

第四部分

戰國簡牘文字研究

第七章

戰國簡牘文字之兩種樣式

序言

近年來，由於戰國簡牘資料之出土有所增加，當時筆記文字之實際狀況也正在逐漸明朗化。原本還存有許多資料上的限制，例如：目前研究資料只能侷限在從楚國疆域和與楚國有密切關係之地區出土的楚系簡牘（以下簡稱爲楚簡），以及從秦國疆域出土的秦系簡牘（以下簡稱爲秦簡）。而且，這兩者之中，楚簡大部分屬於戰國中後期，資料數量比較多；秦簡則集中在戰國後期，資料數量比楚簡少。因此，兩者很難在同樣條件下進行全面性的探討。

但是，兩種資料值得注意之點是個別看出其在樣式上的傾向。不消說，簡牘文字隨著時代、地理區域、內容、書寫者等條件而有所不同，楚簡文字與秦簡文字中也有各種各樣的形貌。但是，在此同時，兩者在風格上具有得以用「楚簡文字風」「秦簡文字風」之概念予以概括的差異，也是不容否認的事實。這種現象從樣式論的觀點來掌握，或許能夠進行一定的比較分析。

至於書法史中的樣式問題，目前爲止的研究主要是從其與書體論之關連來進行探討。但是，如同前人已指出般，將戰國簡牘文字

以篆書、隸書等既有的書體來區分，有許多難以把握的因素，[1] 因此只針對戰國簡牘文字來探討時，與特定的書體產生關連一事並無多大的意義，反倒有招致議論混亂之憂。因此，本章大膽地採取脫離書體論之形式，針對從一筆畫之構造或一字之結構，以及存在於其背後的運筆特色等諸要素所導出的傾向來進行探討。

此外，樣式與字形具有不可分的關係，所以實際上就兩者之關連來說，當然有必要回溯文字變遷之過程。但是，因為目前在資料上仍有許多限制與不均衡，將字形之變遷與樣式相連結仍有困難，所以本章暫且鎖定樣式層面來試行分析，並且從其結果與字形之關連，再度探討字形之問題。

第一節　戰國簡牘文字及其樣式

首先，將筆者管見所及的戰國簡牘資料之性質或年代等，歸納為文末的〔附表〕戰國簡牘一覽表。[2] 分析各資料時所使用的文獻如下：

A.湖北省博物館《曾侯乙墓》上下（文物出版社，1989年）

---

[1] 例如，新井儀平〈關於包山楚簡書法的考察〉（《中日書法史論研討會論文集》1994年，文物出版社）一文指出，包山楚簡之中有這樣的文字：其書體雖是篆書，但是卻具有一般篆書觀念無法說明的隸書要素。

[2] 〈戰國簡牘一覽表〉是基於邵磊、徐暢〈先秦簡牘一覽表〉（劉正成主編《中國書法全集》第四卷，榮寶齋，1996年），並根據其後公開的資料等加上若干的補充與修正而成。簡牘資料之年代存有諸說時，原則上依循〈先秦簡牘一覽表〉，因此，年代欄的西元紀年終究只是大略的推測，不必然表示確切的書寫年代。再者，戰國時代之開始，雖然有多種說法，為求方便，採用中國學會的公定見解──西元前475年。而戰國時代之結束，則因為戰國時期與秦代之簡牘文字具有連續性，所以以是至秦代滅亡為止。

B.河南省文物研究所《信陽楚墓》（文物出版社，1986 年）

C.湖南省文物考古研究所、慈利縣文物保護管理研究所〈湖南慈利石板村三六號戰國墓發掘簡報〉（《文物》1990 年第 10 期）

D.史樹清《長沙仰天湖出土楚簡研究》（群聯出版社，1955 年）

E.荊州地區博物館〈湖北江陵藤店一號墓發掘簡報〉（《文物》1937 年第 9 期）

F.湖北省柚州地區博物館〈江陵天星觀一號楚墓〉（《考古學報》1982 年第 1 期）

G.荊門市博物館《郭店楚墓竹簡》（文物出版社，1998 年）

H.湖北省博物館〈湖北江陵雨台山二一號楚墓〉《考古學報》1988 年第 5 期）

I.湖北省文物考古研究所、北京大學中文系《望山楚簡》（中華書局，1995 年）

J.湖北省文物考古研究所、北京大學中文系《望山楚簡》（中華書局，1995 年）

K.湖北省文物考古研究所編著《江陵九店東周墓》（科學出版社，1995 年）

L.湖北省荊沙鐵路考古隊《包山楚簡》（文物出版社，1991 年）

M.四川省博物館、青川縣文化館〈青川縣出土秦更修田律木牘——四川青川縣戰國墓發掘簡報〉（《文物》1982 年第 1 期）、中國美術全集編輯委員會《中國美術全集 書法篆刻編一》（人民美術出版社，1987 年）

N.中國科學院考古研究所《長沙發掘報告》（科學出版社，1957 年）、商承祚《戰國楚竹簡匯編》（齊魯書社，1995 年）

O. 湖北省文物管理委員會〈長沙楊家灣 M006 墓清理簡報〉
（《文物參考資料》1954 年第 12 期）、商承祚《戰國楚竹簡
匯編》（齊魯書社，1995 年）

P. 荊州地區博物館〈江陵王家台一五號秦墓〉（《文物》1995
年第 1 期）

Q. 《雲夢睡虎地秦墓》編寫組《雲夢睡虎地秦墓》（文物出版
社，1981 年）

R. 睡虎地秦墓竹簡整理小組《睡虎地秦墓竹簡》（文物出版社，
1990 年）

S. 甘肅省文物考古研究所、天水市北道區文化館〈甘肅天水放
馬灘戰國秦漢墓群的發掘〉、何雙全〈甘肅天水放馬灘戰國
秦簡綜述〉（《文物》1989 年第 2 期）

T. 湖北荊州地區博物館〈江陵楊家山一三五號秦墓發掘簡報〉
（《文物》1993 年第 8 期）

U. 劉信芳、梁柱《雲夢龍崗秦簡》（科學出版社，1997 年）

關於楚簡文字與秦簡文字之差異，江村治樹在〈戰国・秦漢簡
牘文字の変遷〉（《東方學報》第五十三冊，1981 年）中指出，楚簡
文字幾乎都是露鋒，以圓轉爲主體；相對地，秦簡文字則是藏鋒，
以方折爲主體。江村還進一步推測秦簡文字方折化之時期爲戰國後
期，並指出秦漢文字之連續性，因而提出簡牘文字變遷過程中「戰
國與秦漢斷裂」的構圖。

江村所指出的楚簡文字與秦簡文字之差異，隨著其後資料數量
的增加，進一步獲得明確證實。但是，秦簡文字方折化之時期，因
爲 1979 年從四川省青川縣郝家坪秦墓出土的青川木牘，產生重新檢

討的必要。青川木牘由其內容來推定，是在秦武王二年（西元前 309
年）至四年（西元前 307 年）之間的書寫作品，其文字已被明確認
定具有與睡虎地十一號墓秦簡同樣的方折樣式。亦即，我們如果依
從青川木牘的年代推定，秦國簡牘文字方折化之時期，最遲可能要
回溯至戰國中期以前。因此，所謂「戰國與秦漢斷裂」的簡牘文字
變遷之構圖，或許有必要理解為是戰國時期兩種樣式分立之構圖。

　　本節即基於這樣的問題意識，嘗試釐清楚簡文字與秦簡文字在
樣式上之傾向以及兩者之不同點，並對戰國時期兩種樣式分立的情
形試加考察。此外，以下的分析因為盡可能嘗試捨去殊相而求取共
相，所以對於個別資料之特徵多半略而不論，在此事先聲明。

　　楚簡文字具有某種共相一事，以前述的江村為首，已被許多人
提及[3]。以下，根據這些論述，試著觀察楚簡文字的特徵（參見下
頁〔圖1〕）。

　　楚系簡牘文字最早的資料，是 A 擂鼓墩一號墓（曾侯乙墓）竹
簡。因為曾國與楚國有密切的關係，該竹簡被定位為楚系簡牘文字
之資料，本章也採納此觀點。墓葬年代從出土銅器的銘文來推定，
約當在楚惠王五十六年（西元前 433 年）左右，確實是屬於戰國前
期。此資料之特徵是起筆用力頓入的楔形筆畫，但是運筆向右迴旋
而朝右上彎曲的柳葉線筆畫也很多見，所以得知這種在戰國中、後
期的楚簡裡佔有中心位置的筆畫形體，其存在可以追溯至戰國前期
以前。

---

　　[3] 例如：馬國權〈戰國楚簡文字略說〉（《古文字研究》第三輯，1980 年）、
沃興華〈荊楚書法研究〉（《中國書法全集》第五卷，榮寶齋，1997 年）、橫田
恭三〈戦国期楚系簡帛文字の変遷——字形を中心として〉（《書学書道史研究》
第八号，1998 年）等。

〔圖 1〕楚系簡牘

A
曾侯乙墓竹簡67

B
信陽楚簡1—07

G
郭店楚簡　緇衣29

L
包山楚簡110

　　戰國中期有 B.信陽楚簡、C.慈利石板村楚簡、D.仰天湖楚簡、E.藤店楚簡、F.天星觀楚簡、G.郭店楚簡、H.雨台山楚簡、I.望山一號楚簡、J.望山二號楚簡、K.九店楚簡、L.包山楚簡。在這些楚簡之中，信陽楚簡具有形體肥瘦差別少的棒狀線筆畫，其他則大多是以起筆與收筆顯現尖細、行筆則飽滿圓潤的柳葉線筆畫爲主。戰國後期的 N.五里牌楚簡、O.楊家灣楚簡，其圖版雖然都不太鮮明，但是可以清楚確認是柳葉線筆畫。由此可知，這樣的筆畫構造在戰國中期與後期都佔著楚簡文字的中心位置。再者，右邊上揚的橫畫、向下方捲入的收筆、向左傾斜的文字結構，這樣的特徵雖然有程度上之差別，卻可以認定幾乎是全部楚簡的共同特色，顯示以右迴旋爲基調的運筆乃是楚簡文字之主要樣式。

　　接下來，針對秦簡文字，我們一邊與上述的楚簡文字之特徵做比較，一邊試加分析。(參見下頁〔圖 2〕)。

　　首先，從屬於戰國後期至秦代的 P.王家台秦簡、Q.睡虎地木牘、R.睡虎地秦簡、S.放馬灘秦簡、T.楊家山秦簡、U.龍崗秦簡來開始觀察。

　　睡虎地秦簡從其內容來看可分爲十種類，相互之間存有多樣性，但是都是以起筆用力頓入、而後筆直拉開、平板而且肥瘦差別少的板狀線筆畫爲主。這與楚簡文字大部分是運筆向右迴旋而彎曲的柳葉線筆畫非常不同。運筆上的這種差異，在以下之點也可以窺見：楚簡文字中常見的向下捲入之收筆，在秦簡文字中幾乎見不到，相反地，卻可以見到部分收筆時向上挑揚的波磔之雛型。

〔圖 2〕秦系簡牘

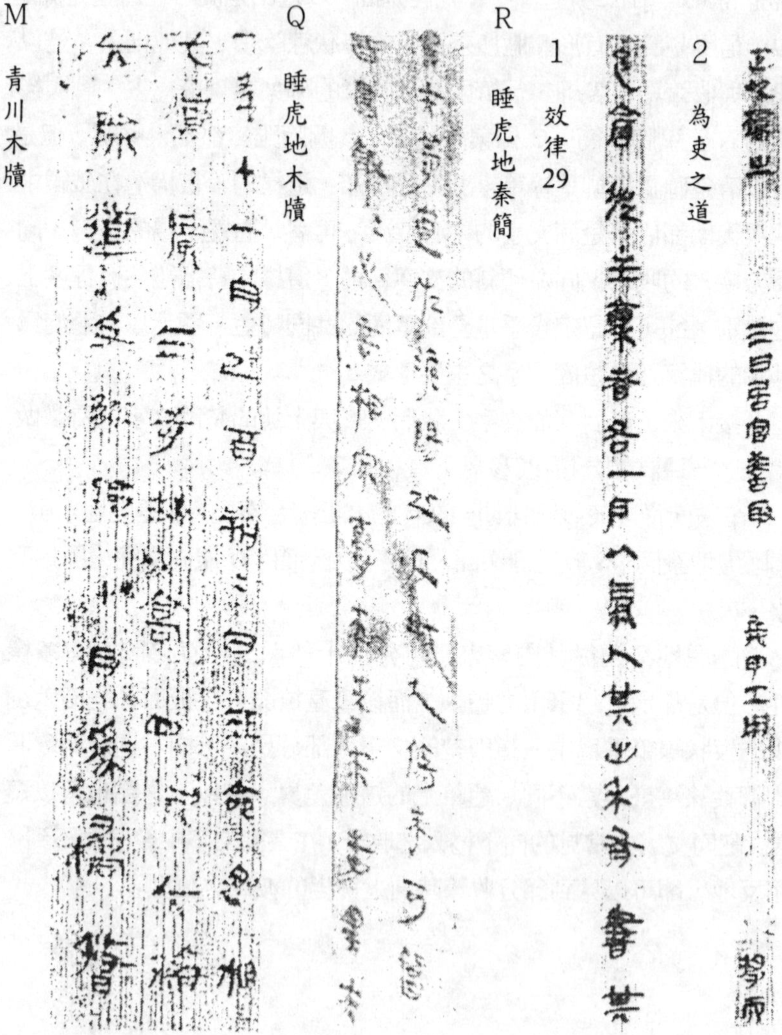

M 青川木牘　Q 睡虎地木牘　R 睡虎地秦簡　1 效律29　2 為吏之道

U
龍崗秦簡
223

2
日書乙種

1
日書甲種

S
放馬灘秦簡

3
日書乙種
33

　　再者，睡虎地木牘的筆畫，雖然在以板狀線爲主之點上與睡虎
地秦簡相同，但是卻可看出其特徵爲橫畫之位置全都向右下斜、形
成左側上揚之文字結構。同樣的例子，在睡虎地秦簡〈日書〉的一
部份，或是字形不太鮮明的楊家山秦簡中也可見到，而且被推定爲
秦代末期寫成的龍崗秦簡也有同樣的結構。所以我們可以得知，此
種文字結構從戰國末期至秦代是通行字體之一種。這樣的特徵，與
橫畫向右上揚、文字結構向左偏斜的楚簡文字，正好顯現相反的傾
向。相對於楚簡文字向右迴旋之特色，這個特徵可說是清楚地顯
現以筆直拉開之運筆爲基調的秦簡文字之特色。

　　王家台秦簡已公開的部分僅止於〈日書〉三簡、〈效律〉二簡、
〈易占〉二簡的圖版，而且因爲模糊不清，十分難以把握。但是，〈效
律〉中卻可見到因與睡虎地秦簡〈效律〉非常近似之板狀線筆畫而
形成的平直的文字結構。〈易占〉的書寫有些草率，可見到部分帶有
圓轉傾向的筆畫。〈日書〉若依據圖版，與睡虎地秦簡之〈日書〉同
樣，可見到兼有嚴謹部分與草率部分之情形。草率的部分因字形不
鮮明而無法把握，嚴謹的部分則可認出板狀線筆畫。

　　放馬灘秦簡是從秦國根據地甘肅天水出土的資料。關於其年
代，雖然有秦昭王三十八年（西元前 269 年）與秦始皇八年（西元
前 239 年）兩種說法，但是無論採信何者，都屬於戰國後期。此份
秦簡由〈墓主記〉〈日書甲種〉〈日書乙種〉三種文書所形成。每一
種文書都只公開了一部分，而且圖版也不鮮明，但是，整體而言在
草率的筆致中可窺見圓轉傾向，雖然是以板狀線筆畫爲主，卻處處
見到起筆強力頓入、收筆提高拉出的釘狀線筆畫。特別是〈日書甲
種〉的橫畫中，可以見到許多起筆時強力頓入做成瘤狀、收筆時細
細提筆拉出的結構，整體顯現出高度的圓轉傾向。

　　江村指出睡虎地秦簡雖然是以方折爲主體，但是依然可以見到圓轉的傾向，因此他推測「或者，如此思考也許較佳：最初用作特殊用途之筆記文字的『方折』體，開始擴大使用至一般文書，秦簡等文字正是位於這樣的過渡性位置上」（〈戰国・秦漢簡牘文字の変遷〉）。若是根據江村這個見解，放馬灘秦簡〈日書甲種〉中高度的圓轉傾向，也要被定位爲是顯示這種過渡性的用例。但是，關於此點，M 青川木牘顯示其他解釋之可能性。

　　如前所述，青川木牘被推定是在秦武王二年（西元前 309 年）至四年（西元前 307 年）之間寫成、關於「田律」的文書，因此是呈現戰國中期至後期秦簡文字之實際情形的唯一資料，具有重要的意義。青川木牘之文字，明確具有類似於睡虎地秦簡的板狀線筆畫與平直的文字結構，兩者無論在字形或樣式方面都非常接近，幾乎沒有時代差距。亦即，如果按照青川木牘的年代推定來看，戰國後期一開始，方折樣式的文字就已經在秦國通行了。

　　那麼，江村指出其過渡性的睡虎地秦簡之圓轉傾向，又要如何解釋才好呢？

　　睡虎地秦簡之中，特別顯現出顯著方折性之資料有〈法律答問〉〈秦律雜抄〉〈效律〉；而顯現出圓轉傾向者主要有〈爲吏之道〉以及〈日書甲種〉〈日書乙種〉等。不過，〈日書甲種〉〈日書乙種〉中圓轉傾向只佔一部份，整體而言仍是以方折體爲主，但是在特定的別筆之處可以看出顯著的圓轉傾向，例如：〈日書甲種〉中從一百三十一背至一百三十七背、〈日書乙種〉中從三十一至五十二的「貳」部分等。這裡值得注意之點是，前者都屬於法律文書，而後者都屬於典籍或占卜書。同樣的情況在其他的秦簡中也大致相同，例如：王家台秦簡之中，〈易占〉爲圓轉傾向，而〈效律〉爲方折體；由〈墓

主記〉〈日書甲種〉〈日書乙種〉構成的放馬灘秦簡中可見到圓轉傾向，而「田律」的青川木牘則是方折體等。從這種狀況可以指出內容或特性方面的重要因素：方折體被嚴格地使用在秦國的官方文書中；除此之外的非正式典籍類等，因爲要求不是那樣嚴謹，所以處處顯現圓轉傾向。此外，因爲典型的方折體是出自學會這種書法的專業書記之手，所以也要考慮到與書寫者有關的因素，例如：像睡虎地秦簡〈日書〉那樣、部分混雜圓轉傾向顯著之文字的用例，是出自未曾正式學習方折體書法的秦人或他國人之手。若是立於這樣的觀點來看，睡虎地秦簡之中混雜著不同條件下被書寫的資料，雖然將這些資料一概而論時可以反映出其過渡性的一面，但是若著眼於官方文書中所使用的文字，我們或許可以將這種情形解釋爲：從戰國中期以前開始，就一直通行著以板狀線筆畫爲主的方折樣式。

但是，我們應該留意之點是，秦簡文字雖然確實隨著資料而顯現圓轉傾向，但是若與楚簡文字相比較，整體而言，秦簡文字的特色仍是以板狀線筆畫爲主的平直文字結構。秦簡文字爲何顯現這種傾向呢？關於這一點，雖然有必要從多角度的觀點來考察，但是做爲筆記工具的「筆」，應當是一大因素。

關於秦簡文字與筆之關係，江村（〈戰国・秦漢簡牘文字の変遷〉）已提出值得參考的論點。江村指出，睡虎地秦簡的文字因爲像是用筆尖平鈍之筆所寫出的文字，可能是用平筆系的筆所寫成，所以睡虎地秦簡中的方折樣式是因秦國特有之筆所形成。根據這個論點，從青川木牘之例可知，秦國特有的秦筆之使用要溯及戰國中期以前。再者，從青川木牘與睡虎地秦簡的文字在字形與樣式兩方面十分接近，幾乎難以辨認出時代差距一事來推測，秦國在戰國中期以前嚴格實施國家主導的文字統制，秦筆之使用可能是其具體的手

段，具有重要的意義。也就是說，秦國只使用秦筆的結果，即使內容或書寫者有所不同，也因爲筆的作用，使得筆畫或文字結構具有一定的共同性。[4]

　　以上針對筆者管見所及的戰國簡牘文字，釐清楚簡文字與秦簡文字在樣式上的傾向以及兩者之差異。我們可以推測，在楚國，最遲在戰國中期，以柳葉線筆畫爲主的圓轉樣式（其基調爲右迴旋之運筆）已廣爲通行；另一方面，在秦國，以板狀線筆畫爲主的方折樣式（其基調爲筆直拉開之運筆）在戰國中期以前即已經成立。因此，我們可以認爲這兩種樣式最遲在戰國中期就處於分立的狀態，這種情形一直持續至秦國併吞楚國爲止。[5]

第二節　衛恆〈四體書勢〉與正始石經

　　對於戰國楚簡文字與秦簡文字兩種樣式之分立，若能接受如上之理解，接下來的問題就是這兩種樣式與秦楚以外地區之文字的關

---

[4] 此點令人聯想到「筆之創始者乃秦之蒙恬」此一傳說的存在。此傳說在何時成立無法得知，但是從晉・崔豹《古今注》問答釋義中相關的問答可知，至少要溯及六朝以前。從其與秦筆之關連來臆測，或許也可以視爲是在秦統一天下後，強制他國也必須使用秦筆之背景下所成立的傳說。此外，戰國的毛筆目前已知七件，其中三件出自楚墓、四件出自秦墓，但是楚筆與秦筆之差異仍然不明，有待今後之探討與新資料之出土。

[5] 秦簡文字的方折樣式何時開始在秦國通用，此事尚未釐清，所以目前比較穩當的預測是停留在戰國中期以前。又，兩種樣式分立以前的狀況雖然是今後探討的課題，但是目前所知最古老的簡牘資料——戰國前期的曾侯乙墓竹簡之中，除了有戰國中後期楚簡中常見的柳葉線筆畫之外，同時也有與春秋末期侯馬盟書或溫縣盟書共同的楔形筆畫。另一方面，秦簡中散見的釘狀筆畫，或放馬灘秦簡中起筆強力做瘤狀而收筆輕提的筆畫，也都可以看出與盟書文字之共同點。所以，我們或許可以想像盟書文字之樣式是兩種樣式之共同原型。但是，此點終究僅限於臆測，必須根據簡牘與玉（石）片等被書寫材料之差異進行審慎的探討。

連。關於這一點，因爲目前爲止其他地區之簡牘文字並未出土，無
法藉由第一手資料來釐清，所以仍屬不明。因此，本節做爲第二手
性質之嘗試，將傳世文獻資料中的戰國簡牘文字之記錄當作線索加
以考察，並試著提出一個假設。

傳世文獻資料中的戰國簡牘文字之記錄，大部分都只是將這種
文字稱爲「科斗文字」或「科斗書」，足以窺見其具體狀況的資料可
說幾乎完全闕如。其中，被視爲得以追溯其脈絡的資料，是衛恆〈四
書體勢〉（《晉書》卷三十六・衛恆傳）中有關汲冢書的以下記述。

> 自黃帝至三代，其文不改。及秦用篆書，焚燒先典，而古文
> 絕矣。漢武時魯恭王壞孔子宅得尚書、春秋、論語、孝經。
> 時人以不復知有古文，謂之科斗書。漢世祕藏希得見之。魏
> 初傳古文者，出於邯鄲淳。恆祖敬侯寫淳尚書，後以示淳不
> 別。至正始中立三字石經。轉失淳法，因科斗之名，遂效其
> 形。太康元年，汲縣人盜發魏襄王冢，得策書十餘萬言。案
> 敬侯所書，猶有髣髴。

汲冢書是晉武帝咸寧五年（西元 279 年），從汲郡（河南省）魏
襄王（一說安釐王）墓出土的簡牘，由衛恆、荀勗、和嶠、束皙等
人共同整理校訂。衛家以古文學爲家學，並以書法家輩出之家世聞
名。衛恆能夠參與汲冢書之整理校訂，可能也是因此而來。亦即，〈四
書體勢〉中有關汲冢書之記述，乃是出於實際見過汲冢書並且精通
古文學與書法之人物的證言，具有獨一無二的重要意義。

首先值得注意之點是，衛恆之祖父・敬侯（衛覬）從邯鄲淳處
繼承古文書法一事。從前後文來看可以得知，邯鄲淳古文是源自於
所謂的孔壁古書（漢武帝時從孔子故居牆壁中所發現），其書法由邯

鄲淳傳予敬侯。因此，衛恆說汲冢書文字「案敬侯所書，猶有髣髴」，此語間接顯示孔壁古書與汲冢書之共同性，值得注目。況且從「髣髴」之用語可知，這不是說個別的字形一致，而是指出有關整體書風的樣式上之類似性。

那麼，源自孔壁古書的邯鄲淳古文，其文字在樣式上具有哪種特徵呢？雖然目前見不到直接傳達邯鄲淳書法的資料，但是值得注意之點是，前述〈四書體勢〉之引文中，「至正始中，立三字石經，轉失淳法，因科斗之名，遂效其形」之句，從其與邯鄲淳古文書法之關連轉而提到魏之正始石經（三字石經）（參見〔圖3〕）。王國維在〈科斗文字說〉（《觀堂集林》卷七）一文中，根據衛恆這段話，對正始石經做了如下的論述：

> 然魏三體石經中古文，衛恆所謂因科斗之名效其形者。今殘石存字皆豐中銳末，與科斗之頭麤尾細者略近。而恆謂轉失淳法，則邯鄲淳所傳之古文，體勢不如是矣。邯鄲淳所傳古文不如是，則淳所祖之孔壁古文體勢亦必不如是矣。衛恆謂，汲縣人盜發魏襄王冢，得策書十餘萬言，案敬侯所書，猶有髣髴。敬侯者，恆之祖衛覬，其書法出於邯鄲淳，則汲冢書體亦當與邯鄲淳所傳古文書法同，必不作科斗形矣。然則魏晉之間所謂科斗文，猶漢人所謂古文，若泥其名以求之，斯失之矣。

〔圖 3〕正始石經

王國維指出，正始石經古文乃衛恆所言
「因科斗之名，遂效其形」者，今日所知
的殘石古文全都具有「豐中銳末」之筆
畫，類似於蝌蚪「頭麤尾細」之形狀。這
些就是衛恆所說的「轉失淳法」者，與邯
鄲淳所傳之古文有所不同，因此，與邯鄲
淳所依據的孔壁古文之體勢也不相同。再
者，與邯鄲淳古文具有共同書法的汲冢
書，也不做蝌蚪之形。亦即，王國維依據
〈四書體勢〉之記述，懷疑正始石經古文
之可信度，並否定其與孔壁古書或汲冢書
之關係。相對於這樣的見解而提出不同解
釋的有章炳麟〈與于右任論三體石經書〉
（《華國月刊》一卷四號，1923 年）。

> 石經非邯鄲淳原筆，書勢已有其
> 文。然既云轉失淳法，則明其追本
> 于淳。若絕不相系者，又何失法之
> 有。書勢之作，所以窮究篆法，而
> 非辨章六書。篆書用筆不如淳，則
> 以為轉失淳法。故其言因科斗之
> 名，遂效其形，言筆勢微傷於銳
> 也。豈謂形體點畫之間，有所譌誤
> 乎。

章氏首先認為，就邯鄲淳與正始石經古文之關連來說，石經古文非邯鄲淳原筆一事，因〈四書體勢〉得以釐清。但是，「轉失淳法」一語，卻又相反地意味著石經古文企圖以邯鄲淳為本。兩者若毫無關係，應該不會提到「失法」，所以邯鄲淳與正始石經古文之間存在一定的關係。再者，章氏指出，〈四書體勢〉之著述意圖在於窮究篆法而非六書之辨章，而且因為篆書之用筆不及邯鄲淳，導致「轉失淳法」。所以，衛恆「因科斗之名，遂效其形」之語，是說筆勢之鋒銳略微有損傷，而非指形體或點畫上的謬誤。與章炳麟幾乎採取同樣立場而對此問題討論得更加詳細的，有啟功《古代字體論稿》（文物出版社，1964 年）。對於失去「淳法」之部分，啟功從書寫者在個性風格上之差異、碑版與簡冊在用途上之不同等兩種關係，做出如下的解釋：

> 可以了然，「淳法」的失掉，至少包括兩層關係：一是因為每個書寫人的個性風格不同，所以在傳抄轉寫時不能不有其差異；二是碑版和簡冊的用途不同，所以藝術效果的要求也就不同。那麼可以說：《正始石經》雖然筆法上某些地方失了「淳法」，但字的組織構造和它所屬的大類型、總風格，都是有其出處，不同於杜撰的。

亦即，他解釋正始石經即使在筆法的某些地方喪失了「淳法」，其文字的組織構造與所屬的大類型、整體風格，全都有其出處，與杜撰之物不同。

那麼，根據這些見解，我們再度來檢視前面所引用的〈四書體勢〉之記述。首先要指出的一點是，「至正始中，立三字石經，轉失

淳法，因科斗之名，遂效其形」之文句中，「轉失淳法」以下的部分並沒有直接談及正始石經；若是著眼於「轉」「遂」等用語，可理解到其意味著因正始石經之建立而引發的弊害。因此，即使正始石經具有促進與助長古文形式化的一面，但是其本身並不完全是「轉失淳法，因科斗之名，遂效其形」的文字，所以無法依據這個記述來全面否定其資料性。那麼，爲何正始石經之建立會產生如此的弊害呢？

石經的建立是基於將人們應該依據之經書與文字之正體昭告天下之意圖，所以具有極大的影響力。例如，從《後漢書‧蔡邕傳》（五十下）中有關熹平石經的如下記述，也可以得知這一點。

> 邕以經籍去聖久遠，文字多謬，俗儒穿鑿，疑誤後學，熹平四年，……奏求正定六經文字。靈帝許之，邕乃自書丹於碑，使工鐫刻立於太學門外。於是後儒晚學，咸取正焉。及碑始立，其觀視及摹寫者，車乘日千餘兩，填塞街陌。

依據這種狀況，不難想像正始石經也具有極大的影響力，而刻於其上的古文則被當成典範廣爲流傳。正如啓功所指出般，正始石經古文是已被刻入碑石的字體，與手寫字體之間產生一定的差距，而且在其被廣泛地傳抄轉寫之過程中，越來越遠離原本的形態。另一方面，「科斗書」的古文別稱似乎加速了其形式化。這種因正始石經之建立而引發的弊害，對於以古文學爲家學、祖父敬侯又是邯鄲淳古文之繼承者的衛恆來說，難以默然坐視。所以，汲冢書之出土，在證明敬侯古文之正統性與力圖復興真正古文一事上，具有非常重要的「契機」意義。

若將〈四書體勢〉之記述與正始石經之間的關係理解如上，刻在其上的石經古文，因爲出於將正體昭告天下之目的，很難想像與當時爲古文正統的邯鄲淳毫無關係。因此，如章炳麟所指出般，我們自然會認爲其所本仍是邯鄲淳古文。但是，所謂「石經」，因爲在特性上具有一定程度的整齊化，結果造成其遠離邯鄲淳古文之原來形貌，因而招致衛恆的批判。但是，一如啓功所指出般，就大架構之類型或整體書風而言，仍可見到反映其原本出處的地方。所以，我們可以指出這樣的可能性：正始石經古文與邯鄲淳古文所共同的「豐中銳末」之筆畫，是將邯鄲淳古文之樣式特徵予以定型化之後的形體。若採納這個可能性，從前述的衛恆之言來看，我們可以認爲這樣的特徵是源自孔壁古書，同時也與汲冢書有共同之處。

這裡欲加注目之點是，正始石經古文「豐中銳末」之特徵，與楚簡文字中的柳葉線筆畫極爲近似，而且古文的橫畫構造略微向上方彎曲，明顯看出圓轉性。如前節所探討般，戰國中期至後期的楚簡文字在樣式上可以見到以右迴旋爲基調、以柳葉線筆畫爲主的傾向。楚簡文字的這種特徵，與共同於正始石經古文的「豐中銳末」形體之間，可以追溯出一定的脈絡。所以，這暗示楚簡文字與孔壁古書或汲冢書文字之間可能存在樣式方面之共同性。

接著，針對孔壁古書與汲冢書之資料性，試加考察。

孔壁古書雖然被認爲是在漢武帝（一說景帝）時，從魯國孔子故居的牆壁中發現，但是其過程有許多不明之處，被發現的書籍也依文獻而有所異同，所以也有人對孔壁古書之出土一事提出質疑的見解。但是基於《說文解字》中被當成古文而揭示的孔壁古書之字形，與戰國時期的出土資料之間具有一定的共同性，所以許慎當成孔壁古書而依據的資料是以戰國時期之簡牘資料爲所本，這樣來看

或許不會有太大的差錯。而所謂「孔子故居牆壁中」的發現地點，雖然有可能是爲了提高孔壁古書之權威而穿鑿附會，但是大致上若將孔壁古書視爲是魯國地區所發現的資料，那麼，關於其特性，我們至少有必要設想到兩種情形。亦即，這若是在魯國被楚國併吞（西元前 256 年）之前、以魯國文字書寫的作品，當然應該將其視爲魯國的文字資料。但是，如果是在魯國被楚國併吞之後所寫成，就產生了以楚國文字書寫的可能性。關於這一點，李學勤在〈郭店楚簡與儒家經籍〉（《中國哲學》第二十輯，遼寧教育出版社，1999 年）一文中，已注意到郭店楚簡中常見的「衍」（道）字，在《汗簡》《古文四聲韻》中被揭示爲〈古《尚書》〉文字之點，所以他說：

> 所謂〈古《尚書》〉，即指漢代前期孔壁發現的古文竹簡《尚書》，傳說是孔子後裔在秦代下令焚書時壁藏起來的。孔壁在曲阜，曲阜原爲魯都。魯國在公元前二五六年已被楚國吞併，因而曲阜屢有戰國晚年的楚國文物出土。孔家壁藏的竹簡書籍，很可能是用楚文字書寫的，從孔壁流傳的古文和郭店簡類似是自然的。

這是從文字的觀點具體指出孔壁古書以楚國文字書寫的可能性，也被視爲是對孔壁古書之書寫年代提供有力線索的見解。但是，「衍」（道）究竟是不是只在楚國使用的文字呢？這個問題因爲資料上的限制而尙未釐清，也保留著「在魯國或其他各國也通行」的可能性，所以，單憑這一點很難證明孔壁古書與楚國文字的關係。因此，關於孔壁古書，我們即使對其爲戰國時期簡牘資料一事幾乎不生任何疑問，但是對於其地區或時期等問題，仍只能停留在未知的狀態。

　　相對於此，汲冢書就保留了較多可信度高的情報。關於汲冢書從汲郡（河南省）魏王墓被盜掘出土一事，各文獻記述一致，而被葬者則有襄王與安釐王二說。如果依據《晉書・卷五十一・束晳傳》等可知，出土的書籍有「《紀年》十二篇」「《易經》二篇」「《國語》三篇」「《瑣語》十一篇」「《穆天子傳》五篇」「《雜書》十九篇」等，達七十五篇之多。但是，現在留存的卻只有根據前述束晳、衛恆等人寫定之今文本而成的《穆天子傳》。汲冢書所出土的墳塚，姑且不論是否為王墓，從《紀年》被視為魏國之史記、出土地汲郡又在魏國疆域內之點來看，此墳塚為魏墓一事無庸置疑。

　　實際見過汲冢書的杜預，在《春秋經傳集解》的後序中，對於《紀年》做出如下的記述：

> 其紀年篇，起自夏殷周，皆三代王事，無諸國別也。唯特記晉國，起自殤叔，次文侯、昭侯，以至曲沃莊伯之十一年十一月。魯隱公之元年正月也。皆用夏正建寅之月為歲首，編年相次。晉國滅，獨記魏事，下至哀王之二十年。蓋魏國之史記也。……哀王於史記襄王之子、惠王之孫也。惠王三十六年卒，而襄王立，立十六年卒，而哀王立。古書紀年篇，惠王三十六年改元從一年始，至十六年而稱惠成王卒。即惠王也。疑史記誤分惠之世以為後王年也。哀王二十三年乃卒，故特不稱諡、謂之今王。

杜預說《紀年》的最末之年是「下至哀王之二十年」，但是從其後的記述可以得知，《紀年》中記載惠王三十六年改元之後，至十六年「惠成王卒」，其後即為「今王」。亦即，所謂「下至哀王之二十年」是

說杜預從其與《史記》之比定，認為「今王」是指哀王，所以《紀年》之原書是在「今王」二十年終結。關於這一點，裴駰《史記集解・魏世家》中記有「荀勗曰，和嶠云，紀年起自黃帝，終於魏之今王。今王者魏惠成王子」，從擔任汲冢書之校訂整理的荀勗、和嶠等人之言論，也證實原書將「惠成王」記為「今王」一事。正如杜預也提到的，《史記・六國年表・魏世家》中惠王卒於其三十六年之記述是誤解，如果依從《史記集解》《史記索隱》《水經注》中所引用的《竹書紀年》《世本》，繼「惠成王」（惠王）之後的「今王」是襄王，所以《紀年》是在襄王二十年終結。關於「今王」，雖然另有一說認為是昭王之子安釐王，但是因為「今王」乃「惠成王」（惠王）之子一事無可置疑，所以此說難以成立。無論如何，《紀年》在「惠成王」（惠王）之後繼王二十年，亦即西元前 299 年終結一事非常清楚，所以其書寫年代也可推定是在此之後不久。因此，墓葬年代以此年為上限，大致上可看成約在西元前三世紀之初左右。至於汲冢書的書寫年代，雖然各文獻相互之間必須考慮到相當的幅度，但是若依據目前為止的分析來看，我們極為粗略地推測，應該是戰國中期至後期所書寫的資料。

　　汲冢書在資料方面的特性如果容許筆者如此理解，那麼，從其與前述楚簡文字之關係可以指出這樣的可能性：戰國中、後期在楚國與魏國通行著共同樣式的文字。至於孔壁古書，如上所述因為有許多不明之點而無法導出一定的結論，但是，如果假設是在楚國併吞魯國之後、以楚國文字書寫而成，那麼〈四體書勢〉的衛恆之言就說出了楚國文字與魏國文字的共同性。另一方面，如果是在楚國併吞魯國之前、以魯國文字書寫而成，就顯示出這樣的可能性：不僅是魏國，連魯國也通行著與楚國文字具有相同樣式特徵的文字。

　　以上在本節中指出，戰國中、後期楚簡文字中常見的、以柳葉線筆畫爲主的圓轉樣式，很可能在同時期的魏國疆域中也有所通行。這原本是依據第二手資料所形成的一個假設，終究僅限於臆測，但是，如果與前節的分析結果一併考量，我們可以指出如下的可能性：秦簡文字中以板狀線筆畫爲主的方折樣式，因爲秦筆而成爲秦國獨有之特色；相對地，楚簡文字中以柳葉線筆畫爲主的圓轉樣式，則不只在楚國疆域，也在比較廣大的地理區域中通行。[6]

結語

　　本章針對戰國簡牘文字，釐清楚簡文字與秦簡文字在樣式上的傾向以及兩者之差異，並且以〈四體書勢〉之記述與正始石經古文之關連爲中心，對秦楚以外地區之文字狀況加以考察。目前爲止所提出的各個論點，有許多部分仍需要進一步審慎探討，也有不少地方等待將來第一手資料之發現予以證實。但是，若對於戰國時期兩種樣式分立之狀況，大致得以理解如上，那麼，對於戰國、秦漢時期簡牘文字在樣式方面的發展，我們可以做出以下的預估。

　　亦即，楚簡中的圓轉樣式與秦簡中的方折樣式，在戰國中、後期處於地理區域上的分立狀態。方折樣式因爲秦統一天下而成爲主

---

　　[6] 首先探討戰國文字之地區分立的研究，有王國維〈戰國時秦用籀文六國用古文說〉（《觀堂集林》卷七）一文。該文指出，《說文解字》的籀文相當於西方秦國之文字，而古文則相當於東方六國之文字。雖然這在過去被視爲是釐清東西分立之實際情形的劃時代見解，但是在資料數量已有所增的現在，王氏提出的古籀對立之構圖已被證明難以成立（參見何琳儀《戰國文字通論》中華書局，1989 年）。王氏的分立說是基於字形異同的觀點而發，若是依據本章之探討，倒不如從樣式面的觀點重新肯定王氏之洞見。

流，圓轉樣式則暫時陷入衰微。秦代滅亡之後，漢代雖然基本上繼承秦代的方折樣式，但是因爲圓轉樣式原本就通行在秦國以外的廣大地理區域，其影響以各式各樣的形式明顯存在，結果不但造成兩者的融合，也開展了漢代簡牘文字多種多樣的書法風貌。

〔附表〕戰國簡牘一覽表

（＊…秦系簡牘資料　無印…楚系簡牘資料）

	墓　號	數量	性質	年　代	出土年
A	湖北隨縣擂鼓墩1號墓	240餘支	遣策	戰國前期（433B.C.）	1978
B	河南信陽長台關1號楚墓	148支	竹書・遣策	戰國中期	1957
C	湖南慈利石板村36號楚墓	4557片	記事	戰國中期前半左右	1987
D	湖南長沙仰天湖25號楚墓	43支	遣策	戰國中期左右	1953
E	湖北江陵藤店1號楚墓	24支	遣策	戰國中期左右	1973
F	湖北江陵天星觀1號楚墓	70支	禱辭・遣策	戰國中期左右	1978
G	湖北荊門郭店1號楚墓	730支	典籍	戰國中期	1993
H	湖北江陵雨台山21號楚墓	4支	音律名	戰國中期	1986
I	湖北江陵望山1號楚墓	207支	禱辭	戰國中期後半	1965
J	湖北江陵望山2號楚墓	66支	遣策	戰國中期後半	1965
K	湖北江陵九店56號楚墓	205支	日書	戰國中期後半	1981
L	湖北荊門包山2號楚墓	278支	記事・禱辭・遣策	戰國中期末（316B.C.）	1987
M	＊四川青川郝家坪秦墓	木牘2件	田律	戰國後期初（309B.C.～307B.C.）	1979
N	湖南長沙五里牌406號楚墓	38支	遣策	戰國後期	1951
O	湖南長沙楊家灣6號楚墓	72支	（不明）	戰國後期	1954
P	＊湖北江陵王家台秦墓	813支	效律・易占・日書	戰國後期（278B.C.）～秦代	1993

Q	＊湖北雲夢睡虎地4號秦墓	木牘2件	戰士家書	戰國後期	1976
R	＊湖北雲夢睡虎地11號秦墓	1155支	秦律・文書・編年記・日書	戰國後期～秦初（256B.C.～217B.C）	1975
S	＊甘肅天水放馬灘1號秦墓	460支	日書・墓主記	戰國後期（239B.C.／269B.C.）	1986
T	＊湖北江陵楊家山135號秦墓	75支	遣策	戰國後期	1990
U	＊湖北雲夢龍崗6號秦墓	283點・木牘1件	秦律・冥判	秦代末期	1989

第八章

關於戰國楚墓文字的幾個問題：
楚墓出土簡牘文字之形體樣貌

序言

　　1993 年 10 月從湖北省荊門市郭店一號楚墓出土的郭店竹簡，是思想方面的著作首度經由考古學的發掘自戰國墓塚大量出土的先例。在中國思想史的研究上，這是名符其實具有劃時代意義的資料，因而備受注目。同時，對於戰國文字的研究而言，郭店楚簡的重要意義也遠在資料數量的增加之上。

　　向來所知的楚墓出土簡牘，主要是遣策、日書、司法文書、卜筮祭禱記錄等。從其內容與特色來看，是以墓主為中心而製作書寫的作品。相對於此，郭店楚簡是關於思想方面的著作，其內容包含有：據傳是孔子之孫・子思所作的〈緇衣〉、思想內容與子思有關的〈五行〉、以及由子思與魯穆公之間的問答所寫成的《魯穆公問子思》等子思與其後學的著作。這些作品的底本很可能是在子思派據點所在的齊、魯，也就是所謂的東土之地完成。因此，郭店楚簡被預料包含不少在東土齊、魯完成後流傳至南土楚國的著作，也被指出東土文字以某些形式摻雜其中的可能性。

　　因這樣的論點而受注目的論文之中，有一篇周鳳五的〈郭店楚簡的形式特徵及其分類意義〉（武漢大學中國文化研究院編《郭店楚簡國際學術研討會論文集》湖北人民出版社，2000 年）。筆者先前曾在〈郭店楚簡《語叢》（一・二・三）の文献的性格〉（《大久保隆郎教授退官記念論集　漢意とは何か》東方書店，2001 年 12 月）一文中，論及周氏此篇論文並加以若干的檢討。但是，因為前稿始終是以〈語叢〉（一・二・三）的檢討為主題，仍有未充分論述的部分。而且根據其後出版的馬其源主編《上海博物館藏戰國楚竹書（一）》（上海古籍出版社，2001 年 11 月）又產生若干應予補充之點。所以，本章再次就周氏的見解，對於楚墓出土簡牘文字的形體樣貌問題提出淺見。

第一節　周鳳五〈郭店楚簡的形式特徵及其分類意義〉之見解與問題點

　　本節將整理周氏見解的要點並點明問題之所在。

　　周氏指出郭店楚簡的思想內容是以「子思學派」為主體，再加入孟子、道家、陰陽術數家的思想，與齊國的稷下之學有密切的關連。同時，依照字體將郭店楚簡分為四類，各類的特徵分述如下：

　　第一類《老子甲》《老子乙》《老子丙》〈太一生水〉〈五行〉〈緇衣〉〈魯穆公問子思〉〈窮達以時〉〈語叢四〉

　　第一類常見於楚國簡帛，字形結構是楚國文字的本色，書法體勢則帶有「蝌蚪文」的特徵，可以說是楚國簡帛的標準字體。

　　第二類〈性自命出〉〈成之聞之〉〈尊德義〉〈六德〉

　　第二類出自齊・魯儒家經典抄本，但已經被楚國「馴化」，帶有「鳥蟲書」筆勢所形成的「豐中首尾銳」的特徵，爲兩漢以下《魏三體石經》《汗簡》《古文四聲韻》所載「古文」之所本。

　　第三類〈語叢一〉〈語叢二〉〈語叢三〉

　　第三類用筆類似小篆，與服虔所見的「古文篆書」比較接近，應當就是戰國時代齊・魯儒家經典文字的原始面貌。

　　第四類〈唐虞之道〉〈忠信之道〉

　　第四類與齊國文字的特徵最爲吻合，是楚國學者新近自齊國傳抄・引進的儒家典籍，保留較多齊國文字的形體結構與書法風格。

也就是說，周氏認爲，相對於第一類的楚國簡帛之標準字體而言，第二類、第三類、第四類中可見到與齊・魯文字的關連，特別是第四類，最吻合齊國文字的特徵。

　　因此，以下試以〈唐虞之道〉〈忠信之道〉爲中心加以檢証。首先，引用第四類與齊國文字有所關連的部分：

> 第四類字體主要見於〈唐虞之道〉與〈忠信之道〉。這類字體與第三類比較接近，但筆劃更形肥厚，「豐中首尾銳」的特徵更爲顯著，其中「仁」「而」「皇」「情」「皆」「用」「甚」「者」「治」等字保存齊國文字的結構，與楚國簡帛文字迥然有別。估計其底本出自齊國儒家學者之手，傳入楚國爲時尚暫，未經輾轉抄寫「馴化」，因而保留較多齊國文字的本來面貌。值得注意的是，〈五行〉也有少數這類字體，如「者」字就是最好的例證。此字〈五行〉凡二十見，字形分爲兩種，其一爲楚國簡牘所常用，即本文的第一類，見於第二十簡・第四九

　　簡，其二與〈唐虞之道〉〈忠信之道〉相同，齊國文字特色，
　　見於第十九簡‧第四十簡‧第四三簡‧第四四簡‧第四五簡‧
　　第四九簡‧第五十簡。這種字體歧出的現象，與〈五行〉出
　　於儒家、傳自齊、魯正相一致。〈五行〉雖然寫作的年代最早，
　　傳入楚國已久，其字體絕大多數已被楚國學者輾轉傳抄「馴
　　化」，是一個典型的楚國抄本，然而字裡行間却仍然保留着外
　　來文字的蛛絲馬迹。

周氏這個見解指出郭店楚簡中有齊、魯文字的存在，同時將齊、魯
文字經由輾轉抄寫而被楚國文字替換的現象稱爲「馴化」，並且認爲
齊、魯文字的殘存狀況可以當成推測郭店楚簡各文獻傳入楚國時期
的一個衡量標準。

　　如本論文篇首所述，楚墓出土簡牘之中，在包山楚簡、信陽楚
簡、天星觀楚簡、九店楚簡中所見到的遣策、日書、司法文書、卜
筮祭禱記錄等文書類，被認爲是在墓主及其周圍製作書寫而成，所
以推測使用楚國通行的文字。因此，若暫且不論資料數或用例數上
的限制，郭店楚簡的文字之中，這些在非思想性文獻裡見不到形體
結構的文字，可能是從原著所在的齊、魯等楚國之外的地區所傳入。
周氏舉出與齊國文字在形體結構上有所關連的九個字例「仁」、
「而」、「皇」、「情」、「皆」、「用」、「甚」、「者」、「治」，也可能是在
這樣的前提下被選取出來。

　　然而這裡要指出的問題是，這些文字即使具有與楚國通行體相
異的可能性，但是與齊、魯等特定的國家或區域的關連究竟可能與
否？論文中所舉的九個字之中，對於「者」之外的其餘八字，完全
沒有記述周氏根據什麼來認定其與齊國文字在形體結構上的共同

性。至少據筆者調查不得不說，指出這八個字與齊國文字之間具有排他的共同性是困難的。

　　在這樣的情況下應該注目的是，對於〈語叢三〉的「者」字，在論文的（註57）可見到如下的敘述：

> （註57）「者」字見於第二十六簡、第二十八簡、第三十簡。
> 這種寫法是齊國文字的訛變，「陳純釜」銘文可以參看。

這個「者」字，正如對〈五行〉的看法中也曾提出般，周氏認為是判別與齊國文字之關連的最佳例證，被視為是周氏見解中重要指標的文字。但是將這些「者」字與「陳純釜」的「者」字加以比較，就可發現兩者顯然有別，特別是下面的部分相差很大。這樣顯著的差異可否以「訛變」來解釋，恐怕還有慎重檢討的必要（參照〔圖1〕）。至少依據這個「陳純釜」來主張〈唐虞之道〉〈忠信之道〉中所見到的「者」字與齊國文字有關連是有所困難的。所以，即使是唯一具體提到的「者」字也很難被視為是明確的根據。

〔圖1〕

○〈語叢三〉（第三十簡）的「者」字

○「陳純釜」（《三代吉金文存》卷十九・29b）的「者」字

　　至於〈唐虞之道〉〈忠信之道〉的文獻特性，周氏指出：

> 〈忠信之道〉是對《論語‧衛靈公》所載孔子「言忠信，行
> 篤敬，雖蠻貊之邦行矣」一語之闡述。〈唐虞之道〉則出於孟
> 子學派，很可能就是孟子本人對於儒家"禪讓"之說的詮
> 釋，具體的背景是燕王噲禪位相國子之，燕國連年內亂，齊
> 宣王聯合趙、中山出兵伐燕一事。……這兩篇保留較多齊國
> 文字的特徵，正是一個有力的旁證。

特別是〈唐虞之道〉，從其禪讓說是以燕王噲的禪讓事件爲背景來
看，是孟子學派的著作。[1] 雖然周氏認爲〈唐虞之道〉〈忠信之道〉
保存許多齊國文字的特徵，是顯示其出自齊國孟子學派之手的有力
旁證。但是，不如說是在以同類字體書寫的〈唐虞之道〉〈忠信之道〉
爲齊國孟子學派之著作的前提下，才導出與齊國文字的關連。〈唐虞
之道〉〈忠信之道〉之文字的區域性，周氏不像第二類、第三類那樣
限定在齊、魯，反而限定在齊國的理由，恐怕也是在於此。因此，
周氏的見解始終是在論據思想內容，並沒有到達文字學上的實證階
段。

　　下一節將在檢討對象中加入近年已部分公開的上海博物館藏楚
簡（以下簡稱爲上博楚簡），並以楚墓出土簡牘文字中「者」字的用
例爲中心再次加以檢討。

---

[1] 關於此點，在周鳳五〈郭店楚墓竹簡〈唐虞之道〉新釋〉（《中央研究院
歷史語言研究所集刊》第七十本第三份，1999 年 9 月）一文中有詳細的檢討。

第二節　楚墓出土簡牘中「者」字的檢討

上博楚簡是指1994年上海博物館從香港文物市場所購入的一千兩百多枚的竹簡。這批竹簡由於是盜墓品，不清楚其出土地點等詳細資料，但是竹簡的字體或內容，經過中國科學院上海原子核研究所的科學測定，推斷是楚國遷郢之前貴族墓中的陪葬品。[2] 現在《上海博物館藏戰國楚竹書（一）》中所收錄的〈孔子詩論〉〈紂衣〉〈性情論〉的圖樣與解釋文已公開發表，全部都被視為是儒家的著作。〈孔子詩論〉是經由上博楚簡才首度知悉其存在的佚書。〈紂衣〉則與郭店楚簡的〈緇衣〉相同，相當於《禮記》緇衣篇。〈性情論〉則相當於郭店楚簡的〈性自命出〉。

首先，將筆者所論及的楚墓出土簡牘劃分為兩類：I 「思想文獻」，即儒家或道家等思想方面的著作；II 「非思想文獻」，即遣策、日書、司法文書、卜筮祭禱記錄等文書類。各資料中「者」字的用例依據字形加以整理之後，得出如〔附表1〕的結果。[3]

周氏所指與齊國文字有所關連的「者」字，相當於字形例7。雖然依文獻之不同而有若干形體結構上的差異，但是因為具有下半部寫成如同「衣」字下部的特色，可知是同系的文字（以下為求方便，將這個「者」字表示為『者』）。此處受注目之點是，在上博楚簡的

[2] 參照馬承源〈前言：戰國楚竹書的發現保護與整理〉（《上海博物館藏戰國楚竹書（一）》上海古籍出版社，2001年11月）。又，在〈馬承源先生談上海簡〉（《上博館藏戰國楚竹書研究》上海書店出版社，2002年3月）一文中，關於上博楚簡的年代，介紹中國科學院上海原子核研究所測定的數值：2257±65年前。

[3] 查字形的分類，與字形例有些許差異的形體結構也被視為同類而包括在用例數之中。

〈紂衣〉〈性情論〉之中，與郭店楚簡的〈五行〉〈語叢一〉〈語叢二〉〈語叢三〉〈唐虞之道〉〈忠信之道〉同樣，也可見到字形例7的『者』。

另一方面，包山楚簡、信陽楚簡、天星觀楚簡、九店楚簡等非思想文獻中「者」字的形體結構，大致相當於字形例2、6，而沒有發現字形例7的『者』。

因爲非思想文獻中「者」字的用例數有限，目前始終無法進行分析。在這種狀況下，上博楚簡的用例可說是更有力地指出『者』字是思想文獻中特有字體的可能性。

那麼，『者』究竟是不是從東土傳入楚國的文字呢？最直接的證明方法是與齊、魯出土的簡牘文字做一比較。但是目前爲止的戰國時期簡牘資料只限於楚墓出土簡牘與秦墓出土簡牘，所以要依據簡牘資料加以檢討目前並不可行。[4] 其次的方法是考慮根據金文、璽印或陶文等筆記資料以外的文字資料加以檢討。但是，除了戰國時期的文字資料有限之外，在區域與資料數量等方面還有很大的偏差。況且，還有簡牘文字與金文、璽印或陶文等文字能夠並列處理至何種程度的問題。[5] 也就是說，在目前要根據出土文字資料等第一手資

---

[4] 簡牘以外的筆記資料，還有被視為春秋末期至戰國初期晉國之文字資料的侯馬盟書。侯馬盟書的「者」字，幾乎相當於字形例1、2，而未見『者』例。再者，秦墓出土竹簡大部分是戰國末期至始皇時期之物，所有「者」字的形體結構都非常接近與楚簡文字不同的小篆。亦即，在目前筆者研究所及的筆記資料之中，『者』只在郭店楚簡與上博楚簡中見到。又，關於戰國時期的簡牘文字，請參照拙稿〈戰國簡牘文字における二樣式〉(《国際書学研究 2000》書学書道学会，2000年9月)。

[5] 在這樣資料上的限制之下，因為與筆記資料相關而受到注目的是，在被視為燕國文物的武器或璽印、陶文等題銘類之中，也發現了類似『者』的下半部作成如同「衣」下半部之形體結構的例子。此外，被視為是齊國文字資料的「日庚都萃車馬」銅印之「都」或是「中都戈」之「都」的左半邊也都見到同

料來證明『者』與東土的關連，還是有所困難。

在充分認知到對這些第一手資料無從著手而始終只能嘗試做第二手分析的情形之下，下一節將從其他觀點來試加檢討。

第三節　傳抄古文的檢討

傳抄古文是近年被重新評價其戰國文字研究之意義的資料之一。相對於作爲第一手資料的出土文字資料，傳抄古文是收錄在《說文解字》《汗簡》《古文四聲韻》等傳世文獻之中的古文字資料。雖然其出處難以清楚掌握，但是主要是以西漢前期孔子故居牆壁中發現的孔壁古書爲主。孔壁古書的記載，在《漢書》藝文志、《說文》敘、《論衡》正說篇等處都可見到，雖然各文獻所記的書籍內容有若干不同，但是其爲《尙書》《禮記》《論語》《孝經》等儒家典籍之點則無二論。亦即，若是站在目前爲止的簡牘發現史的觀點來看，孔壁古書可說是東土傳入、思想方面之戰國簡牘資料中唯一被發現的事例。

那麼，針對傳抄古文試加檢討。在傳抄古文中，例如在《古文四聲韻》卷三引用「者」的〈古孝經〉〈古老子〉等之中，可以發現不少類似郭店楚簡、上博楚簡之『者』的形體結構。雖然在《古文

樣的形體結構。有關「日庚都萃車馬」銅印，李學勤在〈戰國題名概述（上）〉（《文物》1959 年第 7 期）一文中，根據「吉金零拾拓本跋文」中記有山東出土而將之事爲齊印。至於「中都戈」，何琳儀《戰國文字通論》（中華書局，1989年 4 月，頁 80）中，將「中都」（地名）認爲應是山東汶上。若依循這些見解，雖然在燕國或齊國的文字資料中發現類似『者』的形體結構，但是因爲被視爲齊國文字的兩份資料全都不是考古學上的發掘品，今後有必要再根據出土資料加以檢証。至於戰國時期的出土文字資料，請參照江村治樹《春秋戰國秦漢時代出土文字資料の研究》（汲古書院，2000 年 2 月）。

四聲韻》卷一引用「諸」的〈古孝經〉中也可見到幾乎雷同的形體
結構，但是這是將「者」字用作「諸」的意義。同樣的例子在〈三
體石經〉(《春秋》僖公廿八年「諸公遂圍許」)的「諸」字古文也可
見到。此外，《古文四聲韻》卷一所引的〈古尚書〉及《汗簡》卷四
所引的〈尚書〉之「諸」字，其原形也是同字形的『者』字，其右
側的部分推斷可能是上面「乡」被嚴重訛誤所致（以上傳抄古文的
字形結構請參照〔圖2〕）。

〔圖2〕

○《古文四聲韻》卷三（21b 22a）「者」

○《古文四聲韻》卷一（23b）「諸」

○〈三體石經〉《春秋》僖公廿八年「諸公遂圍許」

○《汗簡》卷四（48b）引〈尚書〉

　　如此，郭店楚簡與上博楚簡的『者』，雖然在傳抄古文中可以認出其明確的痕跡，但是此處成爲問題的是，究竟可否將其與傳抄古文的共同性視爲與東土文字的關連呢？

　　如上所述，關於孔壁古書的區域性，因爲是在魯國孔子故居中被發現，向來被認爲是東土的文字。例如：王國維論述戰國時期東西兩地文字之分立的〈戰國時秦用籀文六國用古文說〉（《觀堂集林》卷七）一文，就是將以孔壁古書文字書寫的《說文解字》之「古文」，視爲東土文字而據以立論。

　　相對於此而受到注目的見解，是李學勤在〈郭店楚簡與儒家經籍〉（《郭店楚簡研究〈中國哲學　第二十輯〉》遼寧教育出版社，1999年1月）一文中，從郭店楚簡的文字與傳抄古文的關連指出其他的可能性：（也請參見下頁〔圖3〕）

　　　　例如簡中多見「衍」字，均讀為「道」。此字曾見秦石鼓文和馬王堆帛書，讀為「行」，而《汗簡》和《古文四聲韻》記為「道」字古文，云出〈古《尚書》〉、〈古《老子》〉，正與竹簡相合。這類例子還有不少，為避免排印困難，不能枚舉。由此說明，古人流傳的《尚書》、《老子》等古文實有所本，當時人們確曾見過像郭店簡這樣的戰國竹簡書籍。

　　　　所謂〈古《尚書》〉，即指漢代前期孔壁發現的古文竹簡《尚書》，傳說是孔子後裔在秦代下令焚書時壁藏起來的。孔壁在曲阜，曲阜原為魯都。魯國在公元前二五六年已被楚國吞併，因而曲阜屢有戰國晚年的楚國文物出土。孔家壁藏的竹簡書籍，很可能是用楚文字書寫的，從孔壁流傳的古文和郭店簡類似是自然的。

　　所謂〈古《老子》〉,當指北齊武平五年（公元五七四年）
彭城人開項羽妾冢所得的《老子》。唐代傅奕的《道德經古本
篇》即校定該本。項羽楚人,其妾墓中的《老子》也很可能
是用楚文字寫成的。

〔圖 3 〕

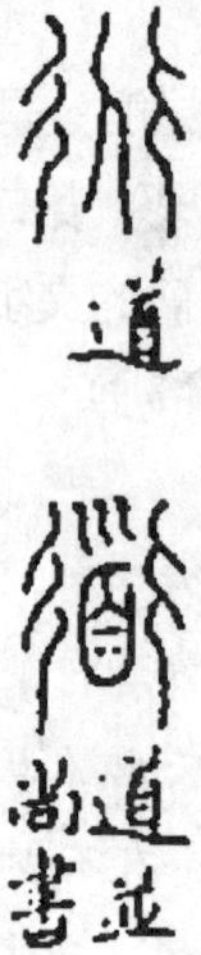

○郭店楚簡（《語叢三》第六簡）

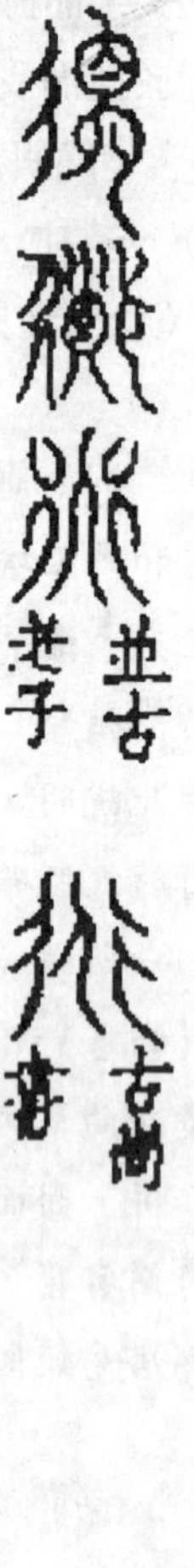

○《汗簡》卷一（10 a）引〈尚書〉

○《古文四声韻》卷三（20 a）「道」

關於孔壁古書被發現的經過，雖然也被指出一些問題，在此不予追究。即使與李氏同樣認為壁藏時期是在公元前 256 年楚國併吞魯國之後，但是李氏見解之中，就孔壁古書在魯國被併吞之後是否以楚國文字書寫一事無法究明，仍應受質疑。李氏指出，曲阜常有戰國晚期的楚國文物出土，可為佐證。但是，文物的出土很難與文字問題做單純而直接的連結。孔壁古書與行政文書等不同，是魯國孔子學派傳承下來的著作，這一點必須充分加以考慮。

因此，若重新試著分析楚墓出土簡牘的「道」字之用例，一如〔附表 2〕所示，在可見其用例的郭店楚簡、上博楚簡、包山楚簡與天星觀楚簡之中，字形例 3 的『衟』在郭店楚簡的《老子甲》〈性自命出〉〈六德〉〈語叢一〉〈忠信之道〉中可見到，[6] 而在非思想文獻的包山楚簡與天星觀楚簡之中則只見到字形例 1 的『道』。[7]

也就是說，發現了在包山楚簡、天星觀楚簡等已知在楚國製作書寫的文書類中只見到『道』，而只有在郭店楚簡中見到『衟』的情

---

[6] 思想文獻之中，字形例 1、字例 3 以外的形體結構，在郭店楚簡《語叢二》中可見到字形例 2 凡一例，上博楚簡《性情論》中可見到字形例 4 凡十五例。其中，字形例 2 在《古文四聲韻》卷三（20a）引用「道」之〈古老子〉中可見到共同的形體結構。李學勤在〈說郭店簡"道"字〉（《簡帛研究》第三輯，1998 年 12 月）一文中，推斷『衟』由此形體結構衍生而出。又，字形例 4 在《古文四聲韻》卷三（20a）引用「道」之〈古孝經〉中見到共同的形體結構。如此，雖然『衟』以外的形體結構也被指出與傳抄古文之間的共同性，但是在此將論點鎖定在『衟』，其他字形的探討留做今後的課題。此外，如〔附表 2〕所示，郭店楚簡〈緇衣〉中「道」字的用例凡二例，但是上博楚簡〈紂衣〉中，一例寫做別體字，另一例則位於竹簡缺損之處，故未包括在統計之內。

[7] 其他，在信陽楚簡《竹書》（第一組竹簡）中，也有相當於字形例 1「道」字的用例凡二例。因為與佚文一致，所以李學勤推斷此著作為《墨子》。但是殘存的一一九枚竹簡全是斷簡，其內容難以清楚掌握，因此對於李氏的見解也存有異論。此處因為與非思想文獻有所差異的可能性仍然存在，故將之排除於檢討對象之外。

形。由於非思想文獻中的用例原本就非常有限，今後隨著資料數量
的增加，非思想文獻中出現『衍』之用例的可能性也必須充分加以
考慮。但是，即使觀察郭店楚簡中用例分佈的情形也可發現，相對
於『道』遍及各類的廣泛使用，『衍』的使用範圍則相當有限。因此，
『道』在楚國可能廣泛通用，而『衍』則可能稍顯特殊。所以，至
少根據現在『道』字的用例分析，較爲穩當的看法恰好與李氏見解
相反，認爲孔壁古書「古尙書」的『衍』是東土思想文獻中所使用
的文字，在郭店楚簡中被發現，暗示其是由東土傳入楚國。

　　立足於這樣的觀點來看，從項羽妾塚出土、被指爲是《老子》
的「古老子」之『衍』，也應該著重其文獻上的特性。從其與項羽的
關連來看，書寫時期在郭店楚簡之後的可能性很高。因此，早已傳
入楚國的『衍』也可能被使用於思想書籍的架構中。

　　以上是以李學勤氏的見解爲中心，針對郭店楚簡的『衍』加以
探討。在此注目之點是，如同前章所述，與『衍』相同的狀況在『者』
也可見到。亦即，在郭店楚簡的〈五行〉〈語叢一〉〈語叢二〉〈語叢
三〉〈唐虞之道〉〈忠信之道〉、上博楚簡的〈紂衣〉〈性情論〉之中，
可以看見在非思想文獻中見不到的『者』。同時，這個形體結構在《汗
簡》所引的〈尙書〉、《古文四聲韻》所引的〈古尙書〉〈古孝經〉〈古
老子〉以及〈三體石經〉(《春秋》)等傳抄古文中也可發現。因此，
根據先前的推論，郭店楚簡、上博楚簡的『者』也可能是東土傳入
楚國的文字。

　　本節的檢討是依據筆者研究所及的楚墓出土簡牘文字與二手資
料的傳抄古文做一比較而成，因此必須充分認知到極有可能隨著今
後資料數量的增加而不得不加以修正。但是至少在目前若能導出上
述的推測，就周氏有關郭店楚簡中殘留東土文字的見解，藉由將傳

抄古文做爲比較資料加以使用，可以提出一個旁證。

第四節　「馴化」的問題

　　正如第一章所述，在齊、魯寫成的文獻傳入楚國被輾轉抄寫之時，發生齊、魯文字被替換爲楚國文字的現象，周氏視之爲「馴化」。藉由與郭店楚簡的字體分類做一對應，「馴化」的程度，從與齊國文字多所關連的第四類，到楚國典型通行體的第一類，幾乎可以分階段地加以掌握。本節根據前節的討論，對於周氏所提的「馴化」問題試加考察。

　　郭店楚簡中『者』『衍』在各文獻的分佈情形如下（參照〔附表1・2〕）：

　　『者』……第一類〈五行〉，第三類〈語叢一〉〈語叢二〉〈語叢三〉，第四類〈唐虞之道〉〈忠信之道〉

　　『衍』……第一類《老子甲》，第二類〈性自命出〉〈六德〉，第三類〈語叢一〉，第四類〈忠信之道〉

在『者』『衍』爲東土傳入文字的前提之下，這些情形並不一定表示與字體差異相對應的各個「馴化」階段，而是被解釋爲各個文字之用例分佈有所不同。

　　關於此點，我們再以郭店楚簡、上博楚簡中均曾出現的兩部著作之一：郭店楚簡的〈緇衣〉與上博楚簡的〈紂衣〉爲中心加以探討。[8]

---

　　[8] 郭店楚簡與上博楚簡中均曾出現的兩部著作，除論文中所述之外，另一部是郭店楚簡《性自命出》與上博楚簡《性情論》兩者之間也存在幾乎同樣的

　　郭店楚簡〈緇衣〉中「者」字的用例有七例，『者』則全然未見。與此相反，上博楚簡〈紂衣〉的六個「者」字用例全都是『者』，其他的形體結構則完全未見（參照〔附表1・2〕）。雖然上博楚簡〈紂衣〉的字體與郭店楚簡〈緇衣〉同屬於周氏視爲楚國標準字體的第一類，但是因爲全部的用例都是『者』，所以證明字體的差異與『者』的出現情形之間不必然存在對應關係。

　　再者，若依循周氏的見解來解釋，郭店楚簡〈緇衣〉中全然未見『者』例，顯示對楚國文字的「馴化」已經完成之狀態；相對於此，上博楚簡〈紂衣〉全部用例都以『者』表現，顯示仍未被「馴化」的狀態。因此，郭店楚簡〈緇衣〉的書寫時期被設定在傳入楚國、經過至「馴化」完成爲止的一定期間之後；而上博楚簡〈紂衣〉的書寫時期則被設定在傳入楚國未久、仍然相當早的時期。

　　但是，因爲郭店楚簡與上博楚簡都被推斷是戰國中期至後期所書寫的作品，而郭店楚簡〈緇衣〉與上博楚簡〈紂衣〉在底本上也有極爲接近的關係，[9] 所以很難假設兩者之間存有很大的時間差距。雖然周氏並沒有說明「馴化」所需的時間要多久，但是根據此點來看，郭店楚簡〈緇衣〉與上博楚簡〈紂衣〉之『者』的有無，並不是表示因書寫年代不同而有所差別的「馴化」程度，而是表示即使是同時期所書寫的文獻，也會因爲書寫者或底本等條件的差異，造成所使用的字形不一。這樣的看法也許較爲穩當。

　　《史記・仲尼弟子列傳》中，記有「澹臺滅明，武城人，字子

情形。此處爲避免論述繁雜，採用『者』之用例較爲明確的郭店楚簡〈緇衣〉與上博楚簡〈紂衣〉加以說明。

　　[9] 關於此點，請參照〈附：上博簡〈紂衣〉與郭店簡字形對照表〉（《上海博物館藏戰國楚竹書（一）》上海古籍出版社，2001年11月）。

羽。少孔子三十九歲。……南遊至江，從弟子三百人，設取予去就，名施乎諸侯。」《史記‧儒林傳》中也記有「自孔子卒後，七十子之徒散遊諸侯，大者爲師傅卿相，小者友教士大夫，或隱而不見。故子路居衛，子張居陳，澹臺子羽居楚，子夏居西河，子貢終於齊。」雖然對於澹臺滅明的居所兩者有所不同，但是這些記述無論如何都顯示孔子面授的弟子在春秋末期至戰國初期向南方傳播儒學一事，而在齊、魯所著作的儒家文獻，推測自相當早的時期開始也在南方的儒者之間流傳。又，在《孟子‧滕文公》上之中，可以見到孟子對楚國出身的儒者陳良的稱讚，「陳良，楚產也。悅周公仲尼之道，北學於中國。北方之學者，未能或之先也。彼所謂豪傑之士也。」像陳良這樣從楚國到北方遊學的人物，或是像先前的澹臺滅明那樣由魯國移居南土的人物，根據這些人的存在不難想像，不僅是著作，東土文字也藉由具有齊、魯學習經驗的人物傳入楚國。因此可以推測出，在郭店楚簡與上博楚簡被書寫的戰國中、後期，至少東土文字摻雜在思想方面著作中一事已有相當程度的進行。上述『者』『衍』的分佈可解釋爲是這種摻雜情形的具體表現。

結語

　　本章是以周氏見解爲中心，就郭店楚簡、上博楚簡與東土文字之間的關係加以探討。其結果是，『者』『衍』是東土的思想文獻中所使用的文字，可能經由書籍的流傳而傳入楚國。從其用例的分佈來看即可得知，周氏提出的「馴化」解釋難以成立，而東土文字相當程度摻雜其中的情形可窺一斑。根據這些觀點，藉由注意到如『者』『衍』般在楚墓出土簡牘的思想文獻中見得到、在非思想文獻中見

不到，而且與傳抄古文有密切共同性的文字之存在，可以指出在思想文獻與非思想文獻之間因區域不同所致的文字差異。

　　正如前面一再陳述，本章所提出的見解，大部分並未超出當前假設的範圍之外。例如『者』『衍』在非思想文獻中見不到，必須考慮可能只不過是肇因於用例數量有限的表面現象而已。又，關於與東土文字的關連，也必須充分認知到根據二手資料傳抄古文加以檢討的界限。今後，透過以上博楚簡未公開文獻爲首的新出土資料之分析，希望能再加以更縝密的檢証。

〔附表1〕於楚墓出土當中「者」字的使用例子

I　思想文獻

1.郭店楚簡

字形例	1	2	3	4	5	6	7	8	9
第一類									
老 子 甲		2	7		4				
老 子 乙		5							
老 子 丙		3							
太 一 生 水		12							
緇　　衣		5		2					
魯穆公問子思		8							
窮 達 以 時		1							
五　　行		2				1	17		
語 叢 四		9							
第二類									
成之聞之	1					18			
尊 德 義	18					2			
性自命出	49								
六　　德	36								
第三類									
語 叢 一							16		

語　叢　二							9	
語　叢　三							22	
第四類								
唐虞之道							8	4
忠信之道							7	

2.上博楚簡

孔子詩論								12
緇　　衣							6	
性　情　論	9					30	2	

II.非思想文獻

包山楚簡	5					4		
信陽楚簡						1		
天星觀楚簡	1							
九店楚簡	1							

〇非思想文獻」當中所揭示的各資料內容如下列所示

●包山楚簡（二號墓）……司法文書‧卜筮祭禱紀錄

●信陽楚簡（一號墓）……遣策

●天星觀楚簡（一號墓）…卜筮祭禱紀錄

●九店楚簡（五六號墓）…日書

其中，天星觀楚簡為未公開的資料，是故這裡的資料乃是依據：葛英會‧彭浩《楚簡帛文字編》東方書店：1992 年 10 月。〔附表 2〕亦同。

〔附表 2〕於楚墓出土當中「道」字的使用例子

I　思想文獻

　1.郭店楚簡

字形例	1	2	3	4
第一類				
老 子 甲	10		3	
老 子 乙	10			
老 子 丙	2			
太 一 生 水	3			
緇 衣	2			
魯穆公問子思				
窮 達 以 時				
五 行	19			
語 叢 四	1			
第二類				
成 之 聞 之	8			
尊 德 義	15			
性 自 命 出	5		17	
六 德			6	
第三類				
語 叢 一	5		3	

語　叢　二	1		
語　叢　三			
第四類			
唐　虞　之　道	4		
忠　信　之　道		2	

2.上博楚簡

孔　子　詩　論	1		
紂　　　衣			
性　　情　　論			17

II. 非思想文獻

包　山　楚　簡	1		
天　星　觀　楚　簡	1		

○非思想文獻」當中所揭示的各資料內容如下列所示

　　●包山楚簡（二號墓）……司法文書

　　●天星觀楚簡（一號墓）…卜筮祭禱紀錄

譯者跋

　　本書將日本島根大學福田哲之教授針對阜陽漢簡、郭店楚墓竹簡、上海博物館藏戰國楚簡在文字、文獻及思想方面的問題所撰寫的論文集結成冊。福田教授的研究領域爲中國文字學、書法及書法史，他對於《蒼頡篇》等中國古代的小學書之專業研究，在日本已出版爲《說文以前小學書の研究》（東京：創文社，2004 年）一書。對於一般的讀者，他也曾寫過深入淺出介紹中國文字和出土文獻方面知識的教養性書籍。[1] 目前在日本學界的中國古代文字和文獻研究之領域，福田教授之成就可說與和他年齡相近的東京大學大西克也教授並駕齊驅，同爲代表日本學界古文字研究的新世代學者。然而，大西先生經常至海外從事學術活動，平時又以中文發表論文，其研究成果廣爲古文字學相關領域的中文圈之學者所知悉。相形之下，在日本培育「漢文」（かんぶん）教師的系統中從事教學與研究的福田先生，其研究成果到目前爲止尙未被國際漢學界所瞭解。關於日本的漢學研究與國際學界有所隔閡之情形，我在最近撰寫的一篇文章中曾明白指出：「一個學者的研究，若不被其他的研究者所知曉，這種研究其實等於不存在，而這就是日本學者的中國思想研究

---

　　[1] 福田哲之：《文字の発見が歴史をゆるがす—20 世紀中国出土文字資料の証言—》（東京；二玄社，2003 年 3 月）

在世界漢學研究之環境中，正在面對的嚴酷事實！」。[2] 福田先生以往只在日本以日文發表的研究，正是我所說的在國際上形同「不存在」之研究的典型範例。

不過，福田先生的研究在國際漢學界中「未被看見」之狀況，絕不意味著福田先生的視野只侷限於日本國內，或是他的研究成果只有在日本的漢學研究脈絡中才能顯現其價值。相反地，讀者一閱讀本書馬上就會發現，福田先生的研究內容本身根本就是在國際漢學的脈絡中進行。舉例來說，書中福田先生全面「檢討」（福田喜歡使用此詞）的研究，有胡平生、韓自強、林素清、李零、涂宗流、劉祖信、李學勤、周鳳五等諸位學者的觀點。這些學者在出土文獻研究方面都是代表性的先進，大多是對近三十年來出土的各種文獻進行第一手整理或率先提出比較完整之說明的學者。反之，對於日本方面，除了江村治樹先生的研究之外，福田先生幾乎沒有提及其他人。當然，正如福田先生本人在其〈序〉中所透露的，目前在日本從事中國古代文字研究的研究者屈指可數，[3] 與中國和台灣每年有上萬人在大學部接受中國古文字和古音韻方面的訓練、有上千人進入中文研究所從事古代文獻之研究的狀況大相逕庭。而且日本學者基本上也欠缺從出土階段就開始參與整理的機會。這種種因素必然讓福田先生、大西先生等研究中國古代文字的日本學者，不得不一開始就在與國際漢學環境之互動中進行自己的研究。

---

[2] 佐藤將之：〈中國思想史研究分野における若手研究者國際化への戰略と方法：「出土資料と先秦思想研究」青年學者國際シンポジウムを企畫運營して〉，《中國研究集刊》（第 38 集，2005 年 12 月）所收。

[3] 不過，以研究中國古典文學、語言、思想、以及歷史的學者和研究生為主要成員的日本中國學會擁有超過兩千人會員。

　　然而，對於過去一直以日文寫作的福田先生而言，他對中國或台灣學者的評論，其實只是單方面地進行而已。關於這一點，我本人也有令人感慨的經驗。前年 12 月福田先生第一次訪問台灣之時，我「介紹」林素清教授給福田先生認識，然而直到本書開始進行翻譯之後，我才知道福田先生原來在日本早就非常認真地討論過林教授的見解！我懷疑（雖然我還沒有向本人確認過）林教授直到本書出版之前，應該都不知道兩年前有過一面之緣的日本學者曾經非常認真地討論過她在將近二十年前出版的論文。正如這個經驗所顯示，就中國或台灣的學者而言，即使他們的學說受到日本學者如福田先生的「檢討」和批評，這些畢竟都是「不被看見」的，而對於這樣看不到的「批評」，台灣或中國的學者當然也無法反駁。因此，這次福田先生一系列論文之翻譯與出版，對於其研究與國際漢學環境之關係，由單向發聲轉變爲雙向互動，必能發揮決定性的作用。

　　此外，我還想談一談福田先生在研究和寫作上的一些特色。福田先生在本書中展現了非常獨特的研究風格，我把他的研究特質歸納爲三點：

　　第一，其論述具有強烈的批判性。他常常在論文裡舉出最具代表性的既有研究，然後仔細反覆「檢討」此研究在分析和論據上之弱點，此種論述風格在日本學者當中實屬罕見。本書中，福田先生將其批判分別集中於林素清（第一章）、韓自強（第四章）、劉祖信（第五章）、江村治樹（第七章）、周鳳五（第八章）等先生之見解，而且他所「檢討」的主要對象，並不是針對他們論述中的部分論證或他們所依據的材料而已，而是整個假設之合理性（福田先生常用「妥當性」這個詞）。譬如，在第一章中，福田先生對林素清教授所提出的「阜陽漢簡《蒼頡篇》經過漢代修改」之看法全面

駁斥；在第五章則針對劉祖信教授「將〈語叢一〉和〈語叢三〉重新組合起來，並且將之分成上‧下兩篇」的見解，主張「無法成立」；在第八章又針對周鳳五教授「在《郭店楚簡》的文字中有齊‧魯文字之影響」的主張，指出：「周教授所提出的唯一的『者』字用例也不支持他的見解，何況其他的呢！」等等。無論福田先生對於這些學者的批評是否合理，至少我們可以理解，福田先生的批評基本上是以非常嚴謹的實證研究爲基礎而提出，而福田先生的論述也令人再三體認到，以出土文獻爲依據的中國古代典籍之研究，目前尚處於起步的階段。不過，我在此必須特別澄清，福田先生本人其實非常溫和謙虛，相信與他接觸過的人都能同意這一點。

　　第二，福田先生的批判性既然如此強烈，那麼本書的主要意義是否只能發揮「破壞者」的作用呢？當然，受到批評之學者往往想問否定自己學說的人：「那麼你自己的理論是什麼？」也就是問：「福田先生的論文中是否能看到他自己具有建設性的見解？」我想，福田先生在這方面並無欠缺。譬如，他在第一章和第二章的分析結果中，除了提出阜陽漢簡《蒼頡篇》中本文連接的三種可能性之外，還強調漢代《蒼頡篇》作爲訓詁字書的功能。再來看其他的例子，在第五章中，福田先生反對劉祖信教授對〈語叢一〉和〈語叢三〉的重新組合之後，接著介紹李零教授由句讀之不同而將〈語叢三〉分成三個部分的看法，並且從書體方面的考察來支持李零教授的三分法。整體而論，福田先生在每一篇專論中都提出了具有建設性的見解。不消說，本譯書出版之後，福田先生此部分的新見解馬上就會開始接受國際漢學家的「檢討」與批評。

　　第三，我們閱讀本書之後也會發現，其實福田先生對於出土文獻之分析途徑並不只是文字學而已，他還考慮到從出土文獻的「竹

簡狀態」、「書體」、「訓詁」、「思想」等多重因素來立論。譬
如，他否定劉祖信教授對〈語叢一〉和〈語叢三〉重新組合之見解，
所依據的是他對於〈語叢一〉和〈語叢三〉之編線部分明顯不同之
觀察。若福田先生這樣的研究方法能夠成立，也許就提醒了出土文
獻之研究者必須不斷保持多元性的觀點。尤其像譯者這樣從事思想
史研究的人，在「思想的完整性」之要求下，常常陷入文字和文字
之間的「拼圖遊戲」，而忘記這些竹簡上的文字原本在「物理上」
是否連接之事實。在此意義上，我相信福田先生在本書中所展開的
各種探討，對於研究中國古代思想的學者和學生而言，也頗有參考
之價值。

　　以下是譯者對於本書之翻譯與編輯過程的附帶說明。收錄於本
書之論文，原本以日文發表於下列刊物中，論文的原名、發表期刊
的名稱、以及其出版日期如下：

第一章：原題〈阜陽漢簡『蒼頡篇』の文獻的性格：秦本との關係〉
　　　　《Problematique—プロブレマティーク—》，別卷 1（2002
　　　　年）所收；後來收錄於《説文以前小學書の研究》（創文
　　　　社，2004 年 12 月）第一章
第二章：原題〈『蒼頡篇』の內容と構造—阜陽漢簡『蒼頡篇』を
　　　　中心として—〉
　　　　《日本中國學會報》，第 41 集（1988 年）所收；後來收
　　　　錄於《説文以前小學書の研究》（創文社，2004 年 12 月）
　　　　第二章
第三章：原題〈阜陽漢墓出土木牘章題考——号・二号木牘を中心
　　　　として—〉

《中國研究集刊》第 37 號（2005 年 6 月）所收

第四章：原題〈阜陽漢墓一号木牘章題と定州漢墓竹簡『儒家者言』
　　　　—『新序』『説苑』『孔子家語』との関係—〉

　　　　《中國研究集刊》第 39 號（2005 年 12 月）所收

第五章：原題〈郭店楚簡『語叢三』の再検討—竹簡の分類と排列
　　　　—〉

　　　　《集刊東洋學》第 86 號（2001 年 11 月）所收

第六章：原題〈上博楚簡『中弓』における説話の變容—
　　　　『論語』子路篇「仲弓爲季氏宰」章との比較を中心に—〉

　　　　《中國研究集刊》第 36 號（2004 年 12 月）所收

第七章：原題〈戰國簡牘文字における二様式〉

　　　　《第 4 回國際書學研究大會記念論文集 國際書學研究／
　　　　2000》（2000 年 9 月）所收

第八章：原題〈楚墓出土簡牘文字における位相〉

　　　　《中國研究集刊》第 31 號（2002 年 12 月）所收

　　　在中文圈的發表情形是：第八章於 2003 年 12 月 28 日國立台灣
大學哲學系所舉行的「日本漢學的中國哲學研究與郭店・上海竹簡
資料國際研討會」中，以「關於戰國楚墓文字的幾個問題：楚墓出
土簡牘文字之形體樣貌」爲題宣讀。第七章則在 2004 年 4 月 10 日，
在國立台灣大學東亞文明中心主辦的「上博簡與出土文獻研究方法
學術研討會」中，以「字體分析在出土文獻研究上的意義——以郭
店楚簡〈語叢三〉爲中心——」爲主題宣讀，其後出版於葉國良、
鄭吉雄、徐富昌編：《出土文獻研究方法論文集初集》（國立台灣

大學出版中心，2005 年 9 月）。除了第二章於 17 年前首次出版之外，其他的論文都是最近五年內撰寫的專論。

　　正如〈序〉中所提，我與福田教授是透過梅花女子大學菅本大二先生認識的。福田先生受邀在我所籌備的「日本漢學的中國哲學研究與郭店‧上海竹簡資料國際研討會」中宣讀論文，與淺野裕一教授、菅本大二先生及竹田健二先生三位（即：日本「戰國楚簡研究會」的核心成員）首次來台。2004 年 4 月為了參加台灣大學東亞文明中心舉辦的另一場學術研討會，福田、淺野、竹田三位日本學者在四個月之內又再度來台。藉此機緣，淺野裕一教授與萬卷樓書店談妥中文論文集之出版事宜。[4] 當時雖然沒有訂定後續的出版時間表，但是我和淺野教授之間建立了明確的共識：在淺野教授出書之後，日本「戰國楚簡研究會」的成員將陸續在台灣以中文出版他們的研究著作。

　　雖然當時尚未與萬卷樓書店談妥具體的出版計畫，但是我們的期許竟然和福田先生本人的意願不謀而合。福田先生告訴我他要在台灣出書的意願之後，我特別詢問在上述兩場會議中將福田先生論文翻譯成中文的王綉雯小姐，是否能擔任翻譯初稿的作業。王小姐欣然答應。這就是本書翻譯之開端，也是本書能夠順利出版的關鍵。王小姐以大概每兩三個月一篇的進度進行翻譯。今年春天，台灣「簡帛道家資料暨新出土文獻研讀會（代表：國立政治大學中文系林啓屏教授）」決定邀請福田先生參加 2005 年 12 月 2 日國立政治大學中文系舉辦的「出土文獻與古代學術研究」學術研討會，我隨之決

---

　　[4] 此翻譯計畫最後出版為淺野裕一著、佐藤將之監譯：《戰國楚簡研究》（台北：萬卷樓，2004）。

定在福田先生這次來臺時出版本書。王小姐的初譯稿到 2005 年 8 月大致完成，接下來我一邊仔細閱讀每篇譯稿，一邊與福田先生和王小姐討論，到了 10 月底終於定稿。王綉雯小姐的日文能力已經有專業翻譯的水準，又有前年翻譯兩篇福田先生論文之經驗，對此主題及福田先生的寫作風格已相當熟悉，所以我在進行修改校訂時，在初稿中幾乎沒有發現明顯翻譯錯誤的地方。不過，本人基於擔任校訂譯文之責任，本書之翻譯若有任何錯誤，由我負起全責。

　　其他的編輯作業（排版、造字、校對）由譯者研究室助理林嘉財同學擔任。去年我在淺野教授著作中譯本的後序中曾寫道：「本書（淺野的譯本）的編輯由於林、盧、陳三君之鼎力協助，而使作者和譯者能夠專心寫作與修改翻譯，是個很大的欣慰。」文中的「林君」就是這次擔任編輯作業的林嘉財同學。這次的出版過程雖然由他一個人獨擔重任，圖版的數量也遠比前書多出許多，但是編輯作業卻比上次還要順利，都是林同學盡心盡力所致。

　　最後，我堅信原本就在國際學術脈絡中孕育、成形的本書，其出版一定能夠促進日本與國際漢學界之間的學術對話。同時，我也衷心希望與福田教授處於同樣情況的日本學者們，能夠因為本書之出版而受到鼓舞，開始將自己的學術成果向國際漢學界發表，並且努力進行學術對話。

　　　　　　　　　　　　　　　　　　　　佐藤將之　謹識
　　　　　　　　　　　　　　　　　　　　2005 年 11 月 1 日

人名・研究機關名索引

書名・資料名索引

原作者著作目錄

【專書】

1 《文字の発見が歴史をゆるがす—20 世紀中国出土文字資料の証言—》，東京：二玄社，2003 年 3 月，全 254 頁。

2 《説文以前小学書の研究》，東京：創文社，2004 年 12 月，全 376 頁。

【學術論文】

1 〈蒼頡篇研究序説〉，《言文》第 33 号（福島大学教育学部国語学国文学会），1988 年 12 月，頁 13～25。

2 〈王羲之生卒年代の再検討—魯一同「右軍年譜」を中心として—〉，《福島大学教育学部論集 人文科学部門》第 45 号，1989 年 3 月，頁 1～10。

3 〈『蒼頡篇』の内容と構造—阜陽漢簡『蒼頡篇』を中心として—〉，《日本中国学会報》第 41 集，1989 年 10 月，頁 223～239。

4　〈『説文解字』以前に於ける漢代小学書の諸相〉,《集刊東洋学》第 63 号（中国文史哲研究会），1990 年 5 月，頁 1～19。

5　〈『篆隷萬象名義』の篆体について—『説文解字』との比較を中心に—〉,《書学書道史研究》第 1 号（書学書道史学会），1991 年 6 月，頁 83～93。

6　〈中華人民共和国建国後新獲敦煌漢簡に見出される小学書残簡〉,《集刊東洋学》第 69 号，1993 年 5 月，頁 1～17。

7　〈許慎に於ける「古文」理解の特色〉,《日本中国学会報》第 45 集，1993 年 9 月，頁 8～19。

8　〈『急就篇』皇象本系諸本について〉,《汲古》第 26 号（古典研究会），1994 年 11 月，頁 51～56。

9　〈趙孟頫本『急就篇』考〉,《書学書道史研究》第 5 号，1995 年 6 月，頁 47～54。

10〈漢代『急就篇』残簡論考〉,《島根大学教育学部紀要 人文・社会科学篇》第 29 巻，1995 年 12 月，頁 37～48。

11〈課本と習書—漢代小学書残簡とその形制—〉,《国語教育論叢》第 6 号（島根大学教育学部国文学会），1997 年 3 月，頁 173～186。

12〈「合文」考—曾侯乙墓竹簡の用例を中心として—〉，《全国大学
　書道学会研究集録（平成 8 年度）》，1997 年 4 月，頁 4～12。

13〈吐魯番出土『急就篇古注本考』—北魏における『急就篇』の
　受容—〉，《東方学》第 96 輯（財団法人 東方学会），1998 年 7
　月，頁 45～58。

14〈吐魯番出土文書に見られる王羲之習書— 阿斯塔那 179 号墓文
　書〈72TAM 179:18〉を中心に—〉，《書学書道史研究》第 8 号，
　1998 年 9 月，頁 29～41。

15〈『漢書』芸文志所載『杜林蒼頡訓纂』『杜林蒼頡故』について〉，
　《汲古》第 35 号，1999 年 6 月，頁 26～30。

16〈吐魯番出土『急就篇』古注本校釈〉，《中国研究集刊》第 25 号
　（大阪大学中国学会），1999 年 12 月，頁 43～69。

17〈戦国簡牘文字における二様式〉，《第 4 回国際書学研究大会記
　念論文集 国際書学研究／2000》（書学書道史学会），2000 年 9
　月，頁 337～346。

18〈津和野町立森鷗外記念館所蔵「裴将軍帖」小考〉，《Problematique
　－プロブレマティーク－ II》（同人 Problematique），2001 年 7 月，
　頁 125～138。

19〈郭店楚簡『語叢三』の再検討—竹簡の分類と排列—〉,《集刊東洋学》第 86 号,2001 年 11 月,頁 122〜137。

20〈郭店楚簡『語叢』(一・二・三)の文献的性格〉,《大久保隆郎教授退官紀年論集 漢意とは何か》東方書店,2001 年 12 月,頁 25〜43。

21〈阜陽漢簡『蒼頡篇』の文献的性格—秦本との関係—〉,《Problematique—プロブレマティーク—》別巻 1,2002 年 3 月,頁 42〜54

22〈楚墓出土簡牘文字における位相〉,《中国研究集刊》第 31 号,2002 年 12 月,頁 1〜20。

23〈上海博物館蔵戦国楚竹書『子羔』の再検討〉,《中国研究集刊》第 33 号,2003 年 6 月,頁 82〜90。浅野裕一編,《竹簡が語る古代中国思想—上博楚簡研究—》(汲古書院,2005 年 4 月)収録。

24〈唐写本『説文解字』口部断簡論考〉,《書学書道史研究》第 13 号,2003 年 9 月,頁 43〜53。

25〈諸子百家の時代の文字と書物〉,浅野裕一、湯浅邦弘編,《諸子百家〈再発見〉—掘り起こされる古代中国思想—》岩波書店,2004 年 8 月,頁 57〜85。

26〈上博楚簡『中弓』における説話の変容―『論語』子路篇「仲弓爲季氏宰」章との比較を中心に―〉,《中国研究集刊》第 36 号,2004 年 12 月,頁 154〜167。浅野裕一編,《竹簡が語る古代中国思想―上博楚簡研究―》(汲古書院,2005 年 4 月) 収録。

27〈森鷗外と顔真卿『裴将軍帖』〉,《國文學》第 50 巻 2 号 (學燈社),2005 年 2 月,頁 80〜85。

28〈出土文献研究における字体分析の意義―郭店楚簡『語叢三』を中心として―〉,《国語教育論叢》第 14 号,2005 年 3 月,頁 117〜125。

29〈阜陽漢墓出土木牘章題考―一号・二号木牘を中心として―〉,《中国研究集刊》第 37 号,2005 年 6 月,頁 37〜53。

30〈阜陽漢墓一号木牘章題と定州漢墓竹簡『儒家者言』―『新序』『説苑』『孔子家語』との関係―〉,《中国研究集刊》第 39 号,2005 年 12 月,待刊。

31〈上博楚簡『内礼』の文献的性格―『大戴礼記』曾子立孝篇・曾子事父母篇との比較を中心に―〉,《中国研究集刊》第 38 号,2005 年 12 月,待刊。

【翻譯】

1 啓功〈古代字体論稿〉（Ⅰ・Ⅱ・Ⅲ），《福島大学教育学部論集　人
文科学部門》第 51 号，1992 年 3 月，頁 27～38；第 52 号，1992
年 11 月，頁 43～57；第 53 号，1993 年 3 月，頁 53～67。

【其他】

1 浦野俊則、杉村邦彦、西林昭一編，《歴代名家臨書集成　解説編》
柳原書店，1988 年 11 月，「内藤湖南　臨智永真草千字文」、「内藤
湖南　臨王羲之喪乱帖」、「楊守敬　臨殷令名裴鏡民碑・褚遂良孟法
師碑軸」、「狄葆賢　臨褚遂良枯樹賦軸」、「内藤湖南　臨李懷琳絶
交書」，頁 145、203、212～213。

2 大川俊隆（主編）、高橋庸一郎、福田哲之編，《雲夢睡虎地秦簡
通假字索引》朋友書店，1990 年 9 月，全 187 頁（負責編寫〈效
律〉、〈治獄程式〉、〈爲吏之道〉三文獻之索引）。

3 〈曾国藩の夢—書論としての曾国藩日記〉（書評），《東方》第 117
号（東方書店），1990 年 12 月，頁 32～37。

4 〈阜陽漢簡『蒼頡篇』総索引〉(稿)，《福島大学教育学部論集　人
文科学部門》第 55 号，1994 年 3 月，頁 15～42。

5 史樹青主編；西林昭一日本版監修《中国歷史博物館蔵法書大観》
　 全 15 巻（柳原書店）中擔任，第 3 巻（1994 年 11 月）收録「博
　 文」16 点（頁 260〜262・264・265）、第 5 巻（1994 年 11 月）收
　 録「琅邪台刻石拓本」（頁 217〜218）、第 10 巻（1997 年 3 月）
　 收録「墓誌銘」16 点（頁 186〜194）之譯注和解說。

6 「蒼頡篇」、「史籀篇」、「急就篇」、「千字文」項目，佐藤喜代治
　 主編，《漢字百科大事典》明治書院，（書中第 1 部份「事項編」
　 之Ⅵ：「漢字研究文献目録」），頁 164〜167。

7 〈甲骨金文学における字体論〉，石川九楊編，《書の宇宙》第 1
　 冊（天への問いかけ　甲骨文・金文）二玄社，1996 年 12 月，頁
　 88〜95。

8 〈石鼓文と大篆〉，石川九楊編，《書の宇宙》第 2 冊（人界へ降
　 りた文字・石刻文）二玄社，1997 年 1 月，頁 86〜95。

9 〈簡牘発見の記録と科斗文字〉，石川九楊編，《書の宇宙》第 3
　 冊（書くことの獲得・簡牘）二玄社，1997 年 2 月，頁 88〜95。

10 杉村邦彦，《中国書法史を学ぶ人のために》世界思想社，2002
　 年 9 月，Ⅰ時代別 第 3 章・第 4 節「北朝」，頁 113〜119。

11 〈戦国楚簡研究の現在〉，《中国研究集刊》第 33 号，2003 年 6
　 月，郭店楚簡各篇解題 14・〈語叢一〉、〈語叢二〉、〈語叢三〉；15・

〈語叢四〉、上博楚簡総論、郭店楚簡・上博楚簡の字体と形制、「書誌情報」用語解説，頁 38～49、72～81。

12〈『史籀篇』研究の新展開—出土文字資料と小学書研究—〉，《創文》第 478 号（創文社），2005 年 8 月，頁 21～24。

13 書学書道史学会編，《日本・中国・朝鮮 書道史年表事典》，2005年 9 月，「封泥・璽印」、「泰山刻石」、「琅邪台刻石」、「馬王堆漢墓帛書老子」、「馬王堆漢墓戦国縱横家書」、「鳳凰山一六八号漢墓簡牘」、「群臣上寿刻石」、「霍巨孟等刻石」、「銀雀山漢墓竹簡兵法書」、「敦煌天漢三年牘・敦煌五鳳元年簡」、「墓券・地券」、「瓦当」、「長安未央宮骨簽」、「魯孝王刻石」項目，頁 57～68。

國家圖書館出版品預行編目資料

中國出土古文獻與戰國文字之研究／福田哲之著；
　　佐藤將之、王綉雯合譯. --初版. --臺北市：萬卷
樓, 2005[民 94]
　　　　面；　　　公分
　　　含索引
　　ISBN 957－739－549－X (平裝)

　　1. 簡牘 - 研究與考訂
　　796.8　　　　　　　　　　　94022864

中國出土古文獻與戰國文字之研究

著　　　者：福田哲之

合　　　譯：佐藤將之、王綉雯

發　行　人：許素真

出　版　者：萬卷樓圖書股份有限公司

　　　　　　臺北市羅斯福路二段 41 號 6 樓之 3

　　　　　　電話(02)23216565 · 23952992

　　　　　　傳真(02)23944113

　　　　　　劃撥帳號 15624015

出版登記證：新聞局局版臺業字第 5655 號

網　　　址：http://www.wanjuan.com.tw

E - m a i l　：wanjuan@tpts5.seed.net.tw

承 印 廠 商：晟齊實業有限公司

定　　　價：240 元

出 版 日 期：2005 年 11 月初版

ISBN 957－739－549－X